HOP DANS LE WOK

TOME 2

BUFFET CHINOIS À LA MAISON

CHRISTINA POTVIN ET QUY TÂM VO

Hop dans le wok

Buffet chinois à la maison

Par Christina Potvin et Quy Tâm Vo

Textes et recettes : Christina Potvin et Quy Tâm Vo
Photographies et stylisme culinaire : Christina Potvin et Quy Tâm Vo
Retouche des photos : Christina Potvin

Illustrations : Christina Potvin (p. 194-195)
Mise en page : Christina Potvin
Édition et correction : Christina Potvin et Quy Tâm Vo

Publier par
Hop dans le wok inc.

Dépôt légal : 2024
Bibliothèque et Archives nationales du Québec
Bibliothèque et Archives Canada
ISBN : 978-2-9822840-1-2

LES BUFFETS CHINOIS, CES LIEUX INOUBLIABLES

Nous sommes tous allés dans un buffet chinois au moins une fois dans notre vie. Ces restaurants occupent une place spéciale dans le cœur de beaucoup d'entre nous, car les souvenirs qui s'y rattachent touchent une foule de sensations et d'aspects agréables qui nous ont marqués à tout jamais !

Les buffets ont connu leur moment de gloire dans les années 80 et 90. Y aller était juste incroyable et festif ! Au fil des années, l'expérience est devenue de plus en plus ordinaire et c'est quelque chose de malheureux.

Revenant un peu dans le temps, qu'est-ce qui fait que les buffets chinois étaient si amusants et géniaux ?

Tout d'abord, il y avait la sortie familiale. Aller au buffet était spécial, car c'était toujours en famille que ça se passait ! Nos parents étaient avec nous et ça apportait un côté réconfortant. C'était le temps où tout était plus simple, où la plus grande décision de la journée était de savoir quels plats on voulait goûter. C'était différent des autres restaurants, car les buffets offraient une liberté à plusieurs niveaux !

On pouvait prendre tout ce qui nous tentait ! Dès qu'un plat attirait notre regard, c'était assuré qu'il aurait sa place dans notre assiette ! Ça permettait à l'enfant en nous de satisfaire cette curiosité innée d'essayer de nouvelles choses, des plats différents et des saveurs inconnues ! Une vraie liberté de choisir ce qu'on voulait manger, et ce, dans l'ordre qu'on le décidait. On retourne se prendre du général Tao après avoir englouti 5 desserts ? Pas de problème, on avait le droit et c'était ça la beauté du buffet à volonté !

Il y avait aussi les quantités. Contrairement aux restaurants normaux, les buffets offraient la possibilité de prendre autant de fois un plat qu'on aimait, sans restriction ! Si vous avez des frères ou sœurs, vous avez sûrement déjà fait des concours de celui qui mange le plus d'assiettes ! Souvenez-vous de ces repas où vous avez déboutonné avec satisfaction votre ceinture d'un trou (ou même 2) !

Ensuite, il y a l'atmosphère des buffets qui est différente ! Il n'y a pas de cadre rigide qui nous dictait de rester assis. Ici, on pouvait se lever de table pour aller parcourir tous les comptoirs de nourriture à notre guise ! Cela donnait un sentiment d'indépendance et de contrôle. C'était chaleureux, sans stress… C'était la vie normale ! Nous n'avions pas besoin de parler à voix basse non plus, l'ambiance festive était toujours au rendez-vous !

Bien entendu, il y avait le côté exploration, c'était comme une chasse au trésor ! On avait envie de tout voir et tout essayer ! Que pouvait-il y avoir sous le prochain couvercle ? D'ailleurs, est-ce que vous vous souvenez d'être assis à une table et de voir la personne en avant de vous revenir avec une assiette qui contenait quelque chose qui semblait succulent ? Vous vous disiez sans doute : « Oh, mais ça a l'air trop bon ! J'en veux aussi ! ». C'est également là que la beauté des buffets opérait, car dès qu'on en avait envie, cette envie était satisfaite tout de suite !

Si l'on pousse la pensée plus loin, il y a toute une panoplie d'images qui nous vient à l'esprit ! Les comptoirs métalliques avec leurs reflets chromés, les différents plats avec leurs belles teintes dorées, les légumes qui ajoutent tellement de couleurs ! Les sauces… les SAUCES ! La vapeur qui monte doucement au-dessus des bacs de nourriture lorsqu'on lève un couvercle. Les fameuses lumières qui éclairent les petites bouchées frites tout en les gardant au chaud. Le bruit des assiettes blanches qui se cognent légèrement entre elles. Avouez que juste la mention de ces images vous réconforte et creuse votre appétit ! Le concept de buffet chinois s'apparente réellement à un rêve où tout est permis, sans aucune limite à sa gourmandise.

Tous les éléments y sont pour faire un renforcement positif solide ! Pourtant, cette expérience magique a perdu de son lustre et de nos jours, il devient de plus en plus difficile de trouver de bons buffets pour revivre ces moments de nostalgie.

TABLE DES MATIÈRES

HOP
DANS LE
WOK!

COMMENT EST NÉ HOP DANS LE WOK ?

Notre projet a vu le jour en juin 2020, en pleine pandémie, un peu par nécessité et surtout par passion ! Avant que tout ne ferme, nous allions très souvent dans les restaurants asiatiques pour déguster une foule de plats classiques ! Du jour au lendemain, tout a fermé et nos habitudes ont été chamboulées.

Avec une fin de confinement qui ne se pointait pas à l'horizon, on trouvait le temps long sans resto ! Un beau jour, nous nous sommes dit que ça vaudrait la peine d'essayer de recréer les plats que nous aimions. Ça allait au moins satisfaire nos envies jusqu'à ce que les restaurants et commerces rouvrent à nouveau.

À notre agréable surprise, ce que nous cuisinions était absolument délicieux et de haut niveau ! Nous étions plus que contents des résultats ! On s'était dit que ça serait amusant de nous filmer pour immortaliser nos recettes et pour pouvoir les reproduire facilement plus tard. C'est comme ça que Hop dans le wok est né !

Le plus beau cadeau que nous n'avions pas prévu, c'était le facteur bouche-à-oreille. Ça a eu l'effet d'une traînée de poudre à canon et ça a fait exploser nos vues et le nombre d'abonnés sur YouTube ! Même sans payer pour aucune publicité, nos chiffres ont augmenté extrêmement rapidement !

On le dit souvent, quand c'est bon, c'est bon ! Nos fans apprécient le fait que nous sommes des personnes normales comme eux. Nous cuisinons avec des moyens accessibles, dans un contexte à la portée de tous ! Pas besoin d'une cuisine luxueuse ou d'équipement valant des milliers de dollars ! On montre comment recréer de grands classiques de restaurants de manière très accessible !

C'est donc depuis 2020 que nos fans économisent en faisant nos recettes à la maison. Ils retrouvent les saveurs de restos qu'ils adorent en même temps ! Si vous ne nous connaissez pas encore, on se dit que plusieurs dizaines de milliers de personnes ne peuvent pas se tromper. Essayez nos recettes, vous aurez une belle surprise et surtout de bons plats pour vous régaler !

AVANT DE COMMENCER

VIDÉOS DE RECETTES 

Certaines recettes dans ce livre sont accompagnées d'une vidéo sur notre chaîne YouTube. Lorsque c'est le cas, un code QR sera inclus sur la page de la recette. À noter que les recettes du livre ont parfois des différences minimes avec les vidéos puisque nous les avons optimisées au fil du temps.

ON EST LÀ POUR VOUS !

Vous aimeriez nous poser des questions ou nous montrer vos photos faites à partir de nos recettes? Rejoignez notre groupe Facebook **« Cuisine asiatique fait maison (Hop dans le wok) »** !

Scannez le code QR pour accéder au groupe ! ⟶

NOS RÉSEAUX SOCIAUX

YouTube : @hopdanslewok
Facebook : @Hop dans le wok
Instagram : @hopdanslewok
Patreon : www.patreon.com/hopdanslewok
Blog : www.christinapotvin.com

ÉQUIVALENCES

1 c. à soupe (c. à s.) = 1 c. à table = 15 ml
1 c. à café (c. à c.) = 1 c. à thé = 5 ml
1 tasse = 250 ml = 25 cl
1 lb = 454 g

DESCRIPTION DES ICÔNES

Se congèle : Lorsque vous voyez cette icône, c'est que la recette peut être faite en avance et se congèlera sans problème. Elle sera parfaite à servir à vos invités !

Se congèle, mais ! : Se congèle, mais la saveur ou la texture peuvent changer un peu. Nous ne suggérons pas de cuisiner le plat en avance pour le congeler et le servir à vos proches, mais si vous avez des restants à la fin de votre buffet, vous pourrez les congeler. Vous trouverez souvent des notes en bas de page pour accompagner cette icône.

Ne se congèle pas : Cette recette ne se congèle pas.

Wok en acier carbone suggéré : Certaines recettes sont meilleures lorsqu'elles sont cuisinées dans un wok en acier carbone. Ce wok permet d'obtenir une saveur de « wok hei », le goût fumé des restaurants chinois. Vous pouvez utiliser une grande poêle ou un wok électrique si vous n'avez pas de wok en acier carbone, mais il faudra chauffer à feu un peu moins fort pour ne pas abîmer le revêtement antiadhésif et vous n'aurez pas la saveur spéciale de wok hei.

Wok électrique suggéré : Si l'on juge que la recette est vraiment plus facile à faire dans un wok électrique, c'est l'icône que vous verrez. Lorsqu'on utilise un wok électrique, on vous donne des températures un peu plus précises pour que vous puissiez suivre facilement. Sachez toutefois que vous pouvez aussi faire la recette avec une grande poêle ordinaire (sur la cuisinière).

Charte du niveau de piquant : Elle sert à évaluer la force du piquant. Pour vous donner un comparatif, un piquant de 1/5 équivaut environ à de la salsa douce, puis un niveau de 5/5 serait légèrement plus fort qu'une bonne cuillère de sambal oelek. Même si certaines recettes peuvent être relevées, ce n'est jamais aussi piquant que de manger un piment thaï directement. Évidemment, la perception du piquant peut varier d'une personne à l'autre. Si vous n'êtes pas du tout tolérant au piquant, on vous suggère de doser les piments à votre goût.

LES INGRÉDIENTS

Voici les ingrédients asiatiques qui reviennent très souvent dans les recettes. La plupart d'entre eux sont assez faciles à trouver, même dans les épiceries normales.

Sauce soya claire (soja light)

C'est la sauce principale utilisée dans la cuisine chinoise. Elle donnera un bon goût salé et umami, sans trop altérer les couleurs du plat. Ce n'est pas une sauce réduite en sel. Le taux de sodium est d'environ 1080 mg/15 ml.

Sauce soya foncée (soja dark)

On l'utilise en toute petite quantité pour ajouter beaucoup de couleur à un plat. Cette sauce chinoise est plus épaisse et salée que la claire. Le taux de sodium est d'environ 1395 mg/15 ml.

Sauce aux huîtres

Cette sauce est principalement utilisée pour des marinades ou pour sauter des aliments au wok. On ne s'en sert jamais comme sauce trempette. Il existe des versions végétariennes aux champignons pour les personnes allergiques.

Sauce soya japonaise

C'est le type de sauce le mieux adapté pour les recettes aux saveurs japonaises. Il suffit d'y goûter pour comprendre à quel point elle est différente des sauces soya chinoises. Vous devriez pouvoir en trouver dans à peu près toutes les épiceries.

Vin de cuisson Shaoxing

C'est un vin chinois salé et très parfumé qui est utilisé pour des marinades, des sauces et des sautés. C'est un ingrédient peu dispendieux, mais parfois difficile à trouver dans les régions éloignées. La meilleure option de remplacement serait du saké.

Sambal oelek

Le sambal oelek est une purée de piments forts qui sert à ajouter du piquant dans une recette. C'est un peu comme une salsa extra-forte, sans morceaux de légumes. Si vous êtes moins tolérant au piquant, vous pouvez réduire un peu la quantité de cet ingrédient dans les recettes.

Sauce sriracha

Plus souvent qu'autre chose, on utilise la sauce sriracha comme condiment, ou on le mélange à de la mayonnaise pour faire une sauce trempette (en dosant selon notre tolérance au piquant). Une mayo-sriracha est toujours une sauce très populaire pour les bouchées frites et les makis !

Huile de sésame

Dans la cuisine asiatique, lorsqu'il est question d'huile de sésame, c'est toujours de la version grillée dont il s'agit. On la reconnait par sa couleur plus foncée. Son parfum est très puissant, il suffit d'en ajouter une petite quantité à un plat pour faire toute la différence !

Sauce hoisin

La première chose qu'on aimerait vous dire à son sujet c'est que non, ce n'est pas du tout la même chose que de la sauce aux huîtres. La sauce hoisin est plutôt sucrée et peut être utilisée autant en sauce trempette qu'en marinade ou assaisonnement de sauce. C'est un ingrédient qui est généralement facile à trouver dans toutes les épiceries.

Sauce de poisson

La sauce de poisson est un ingrédient très commun dans la cuisine asiatique en général, mais on en voit un peu moins dans les recettes de buffet chinois.

Dans ce livre, vous en aurez besoin pour la soupe vietnamienne aux légumes (p. 41), le calmar frit (p. 169) et les samoussas asiatiques (p. 179). Nous spécifions quelles marques utiliser pour chacune des recettes, mais sachez que vous pouvez y aller avec celle de votre choix.

Vinaigre blanc

Pour des plats de buffet chinois américains, c'est le type de vinaigre le plus couramment utilisé, probablement dû au fait qu'il est le moins dispendieux de tous. Le vinaigre blanc que nous utilisons contient 5 % d'acide acétique. C'est un point à vérifier lorsque vous en achetez, car il existe des versions avec un pourcentage plus élevé pour les marinades ou pour utiliser comme produit ménager !

Vinaigre de riz

Ce vinaigre est facile à trouver dans n'importe quelle épicerie et ajoutera de la saveur en plus de l'acidité. Vous remarquerez qu'il existe du vinaigre de riz nature ainsi qu'une version assaisonnée. La version nature contient seulement du vinaigre de riz, tandis que l'autre a du sucre et du sel dans sa composition, il est prêt à mélanger dans du riz. Dans nos recettes, nous utilisons le vinaigre nature, puisqu'on ajoute les assaisonnements nous-mêmes.

Les fécules

Vous remarquerez que nous utilisons plusieurs types de fécules dans nos recettes. La principale est la fécule de maïs, c'est aussi la plus facile à trouver en magasin. Il nous arrive d'utiliser de la fécule de tapioca pour obtenir des sauces un peu plus « collantes », ça aide à préserver le côté croustillant d'une panure. L'utilisation de fécule de pomme de terre permet d'avoir un bouillon un peu plus clair, ainsi qu'une texture et saveur un peu différente de la fécule de maïs. Si vous n'arrivez pas à trouver les fécules de tapioca ou de pomme de terre, vous pourrez les remplacer par de la fécule de maïs en gardant la même quantité demandée dans les recettes.

Bouillons

Dans nos recettes, il est fréquent d'utiliser des bouillons (poulet, bœuf, etc.). Lorsque nous mentionnons « bouillon de poulet », nous utilisons des cubes que nous mélangeons avec la quantité d'eau recommandée sur l'emballage. Vous pouvez toujours utiliser du bouillon de poulet maison, mais il faudra ajuster le niveau d'assaisonnements de la recette à votre goût (les bouillons maison sont souvent moins salés). Si la recette nécessite de la poudre de bouillon de poulet, il faut vraiment utiliser de la poudre et non un cube. La poudre de bouillon sert très souvent d'assaisonnement dans la cuisine asiatique.

Poivre blanc

La saveur du poivre blanc est très différente du poivre noir, ça vaut la peine de l'ajouter à votre garde-manger pour avoir les meilleurs résultats possibles. C'est un ingrédient assez commun que vous pourrez trouver dans n'importe quelle épicerie.

Piments chili séchés, entiers et en poudre

Dans la cuisine chinoise, on utilise souvent des petits piments chili séchés, ils sont vendus en gros sacs dans les épiceries asiatiques. Ça peut être assez difficile d'évaluer si ce sont des piments très piquants ou moyennement piquants. Si vous voyez le terme « extra-forts » écrit sur le sac, on vous le dit tout de suite, ce sera un peu trop fort pour nos recettes. La meilleure manière de tester la force d'un piment est d'en mâcher un directement. Il faut que le piquant soit tolérable, si c'est trop fort pour vous, vous pourrez simplement omettre les piments séchés dans les recettes.

La poudre de piment chili, est faite de piments chili séchés réduits en poudre. Si vous êtes moins tolérant au piquant, retirer les graines avant de les moudre pour diminuer légèrement la force. Personnellement, j'aime beaucoup griller mes piments séchés à la poêle (pour les noircir un peu) avant de les moudre dans un moulin à épices, le goût est encore meilleur !

Voici maintenant quelques ingrédients un peu plus spécialisés, il faudra probablement faire vos courses dans une épicerie asiatique ou en ligne pour trouver la plupart d'entre eux.

Saké

Le saké est une boisson de riz fermenté souvent utilisée dans les recettes japonaises, notamment pour les sauces teriyaki. Pour la cuisine, vous pouvez choisir le saké le moins cher possible. Il ne faut surtout pas le remplacer par du vin de cuisson Shaoxing, les saveurs de ce dernier sont beaucoup plus fortes.

Recettes ayant cet ingrédient:

Riz frit au poulet yakitori (p. 101)

Sauce thaïe chili sucrée

C'est une sauce sucrée, vinaigrée et légèrement piquante qui peut tout aussi bien être utilisée en trempette qu'en marinade ou comme ingrédient pour un sauté ! Plusieurs marques sont vendues sur le marché, allez-y avec votre favorite ! Vous pouvez également la faire maison en suivant notre **recette sur notre blog:**

Recettes ayant cet ingrédient:

Crevettes bang bang (p. 176)
Crabe rangoon (p. 150)
Salade Bangkok (p. 48)

Mirin

Le mirin est une sauce d'assaisonnement légèrement sucrée qui rappelle le goût du sirop de maïs. Il y a une pointe de saké dans la sauce, mais pas assez pour qu'on détecte vraiment qu'il y a de l'alcool. Cet ingrédient est facile à trouver un peu partout, c'est un bon ajout à votre garde-manger si vous êtes un fan de cuisine japonaise

Recettes ayant cet ingrédient:

Riz frit au poulet yakitori (p. 101)

Vinaigre noir

Ce vinaigre a un goût très particulier ! On l'utilise comme assaisonnement, mais aussi dans les sauces trempettes. Il est parfait pour la cuisine sichuanaise et aussi pour les plats de style dim sum. Il est difficile de le remplacer par un autre ingrédient, mais ce qui s'y rapprocherait le plus serait du vinaigre balsamique (celui-ci n'ajoutera pas le goût chinois par contre).

Recettes ayant cet ingrédient:

Aubergines à la sichuanaise (p. 118)
Calmar frit (p. 169)
Nouilles udon au bœuf et brocoli chinois (p. 126)
Poulet kung pao (p. 94)
Sauté de chou-fleur et tiges d'ail à la sichuanaise (p. 69)
Dumplings sichuanais au porc (p. 160)

Sauce aux haricots noirs et à l'ail

Cette sauce est faite principalement de haricots noirs fermentés, de soya et d'ail. Elle est très salée, donc il en faut une petite quantité dans une recette. C'est un ingrédient difficile à substituer, il faudra aller dans une épicerie asiatique pour en trouver, ou l'acheter en ligne.

Recettes ayant cet ingrédient:

Moules à la sauce de fèves noires (p. 135)
Sauté de haricots verts à l'ail (p. 66)

Sauce aux fèves et piment rouge (toban djan)

Si vous deviez avoir un seul ingrédient pour la cuisine sichuanaise, c'est celui-là qu'il vous faut ! Cette sauce est faite à partir de fèves fermentées et de pâte de piment. Ses saveurs se développent lorsqu'on la fait revenir dans le wok avec un peu d'huile. On ne peut malheureusement pas substituer cet ingrédient par du sambal oelek ou de la sriracha.

Recettes ayant cet ingrédient:

Aubergines à la sichuanaise (p. 118)
Crevettes à la sichuanaise (p. 139)
Poisson bouilli sichuanais (p. 132)
Poulet kung pao (p. 94)
Sauté de chou-fleur et tiges d'ail à la sichuanaise (p. 69)

Huile de chili croquante

Cette huile pimentée est assaisonnée et contient des flocons de piment. Ça apporte beaucoup de saveurs, de texture et de piquant à un plat. On peut l'intégrer à une sauce pour un sauté, ou le mettre en garniture directement dans notre bol. La version originale n'a que des piments, mais il existe aussi des versions ayant des arachides ou des haricots noirs fermentés.

Recettes ayant cet ingrédient:

Calmar frit (p. 169)
Nouilles udon au bœuf et brocoli chinois (p. 126)
Dumplings sichuanais au porc (p. 160)

Pâte de curry rouge thaïe

La pâte de curry rouge est un ingrédient facile à trouver partout. Cependant, certaines sont moins goûteuses que d'autres, et le piquant peut aussi varier grandement selon la marque. On vous suggère de suivre les dosages recommandés dans la recette puis de vous ajuster les fois d'après si vous trouviez que ça manquait de saveur ou si c'était trop piquant.

Recettes ayant cet ingrédient:

Soupe Bangkok (p. 44)

Tofu rouge fermenté

Ces petits blocs de tofu fermentés baignent dans une sauce rouge et on les utilise dans des sauces ou des marinades. C'est un ingrédient qu'on retrouve principalement dans les épiceries asiatiques, si vous n'arrivez pas à vous en procurer, vous pourrez remplacer 1 bloc de tofu par ½ c. à thé de sauce soya foncée.

Recettes ayant cet ingrédient:

Brioches vapeur au poulet char siu (p. 170)

Poudre de betterave

Elle est faite de betteraves déshydratées et réduites en poudre fine. On l'utilise pour colorer les sauces d'une belle teinte rouge naturelle, mais vous pouvez toujours remplacer cet ingrédient par quelques gouttes de colorant alimentaire rouge. On retrouve la poudre de betterave dans les magasins d'alimentation bio et non dans les épiceries asiatiques.

Recettes ayant cet ingrédient:

Brioches vapeur au poulet char siu (p. 170)
Côtes levées BBQ chinoises (p. 114)
Porc sauce aigre-douce (p. 106)
Sauce rouge des restos chinois (p. 28)

Poudre de curry de Madras

La poudre de curry jaune indienne est aussi très souvent utilisée dans la cuisine asiatique. Le curry de Madras a tendance à être un peu plus relevé que la moyenne, mais vous pouvez choisir une sorte où les piments chili sont un peu plus bas dans la liste des ingrédients.

Recettes ayant cet ingrédient:

Curry puff chinois (p. 162)
Vermicelles Singapour aux légumes (p. 59)
Samoussas asiatiques au poulet et patate douce (p. 179)

Poudre de crème anglaise

Ce n'est pas un ingrédient asiatique (d'ailleurs, je ne l'ai jamais vu dans les épiceries asiatique), mais en plus d'apporter une saveur subtile de plus, il aidera à épaissir les sauces et ajouter une couleur jaune. Vous pouvez aussi substituer cet ingrédient par la même quantité de fécule de maïs et quelques gouttes de colorant jaune.

Recettes ayant cet ingrédient:

Poulet frit chinois au citron (p. 80)
Sauce aigre-douce à l'ananas (p. 31)

Poivre du Sichuan

Le poivre du Sichuan n'est pas un type de poivre, mais bien une baie. Il a la particularité d'engourdir la langue, ce qui peut surprendre un peu au début ! Le poivre du Sichuan rouge est le plus commun, c'est celui qui revient le plus souvent dans nos recettes. Le poivre du Sichuan vert a un parfum qui rappelle un peu les agrumes, il s'accorde très bien avec les poissons et fruits de mer.

Recettes ayant cet ingrédient:
Dumplings sichuanais au porc (p. 160)
Poisson bouilli sichuanais (p. 132)
Poulet kung pao (p. 94)

Champignons shiitakés séchés

On utilise les champignons shiitakés séchés pour ajouter un bon côté umami. Ces champignons doivent d'abord être réhydratés en les faisant tremper 1 à 2 heures (ou plus) dans de l'eau chaude. C'est un ingrédient pratique à avoir dans le garde-manger, car ça se garde extrêmement longtemps et l'on peut sortir seulement la quantité nécessaire pour la recette.

Recettes ayant cet ingrédient:
Egg rolls (pâtés impériaux) au porc (p. 147)

Poudre 5 épices chinoises

Il existe plusieurs mélanges d'épices chinoises. Ce ne sont pas toujours les mêmes 5 épices, et il y en a parfois plus que 5. Le mélange que nous utilisons est fait de graines de fenouil, d'anis étoilé, de cannelle, de clous de girofle et de gingembre moulu. Vous pouvez utiliser un mélange commercial ou faire le vôtre en suivant notre **recette sur notre blog :**

Recettes ayant cet ingrédient:
Brioches vapeur au poulet char siu (p. 170)
Côtes levées BBQ chinoises (p. 114)
Poulet kung pao (p. 94)
Lanières de porc aux 5 épices (p. 129)

Glutamate monosodique (MSG)

Le MSG est un rehausseur de saveurs. La plupart du temps, on essaie d'ajuster les saveurs avec le sel et le sucre, mais dans de rares cas, ça prend du MSG pour avoir un plat de niveau resto. C'est un ingrédient facile à trouver un peu partout et n'est vraiment pas dispendieux.

Recettes ayant cet ingrédient:
Soupe vietnamienne aux légumes (p. 41)

RECETTES

SAUCES ET GARNITURES

SOUPES ET ENTRÉES FROIDES

PLATS D'ACCOMPAGNEMENT SANS VIANDE

PLATS PRINCIPAUX (POULET)

PLATS PRINCIPAUX (PORC ET BOEUF)

PLATS PRINCIPAUX (POISSON, CREVETTES, FRUITS DE MER ET TOFU)

PETITES BOUCHÉES

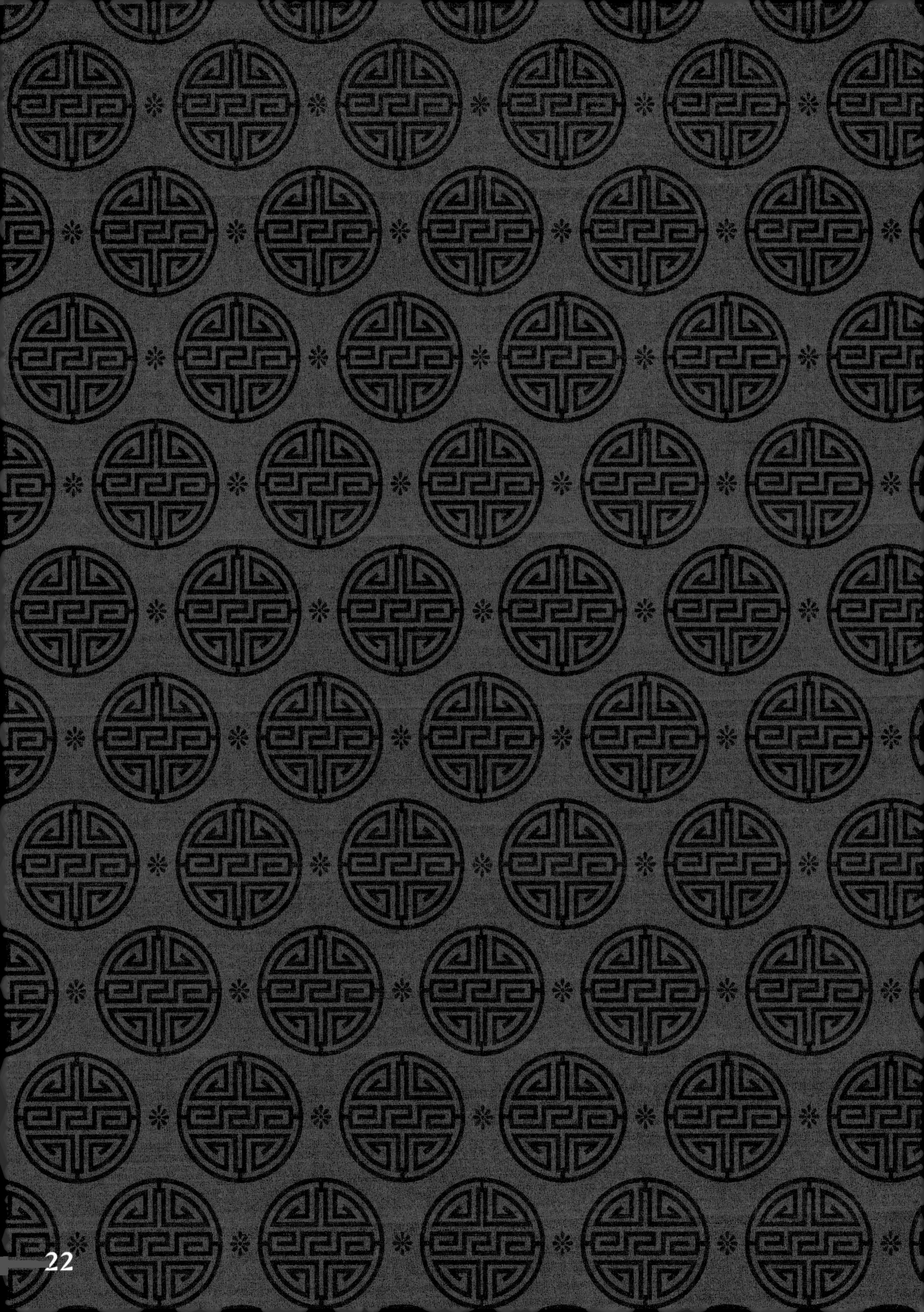

Sauces et garnitures

Voici 3 garnitures très simples à ajouter sur votre table de buffet, elles sont idéales pour les soupes! Pour les nouilles frites, ça en fera une grande quantité, beaucoup trop pour seulement les servir en garniture de soupe… mais faites-nous confiance, ça se mange comme des chips, c'est dangereusement addictif!

Rendement: 10 tasses (160 g)
Préparation: 10 minutes

NOUILLES FRITES

INGRÉDIENTS

½ paquet de pâtes carrées pour wonton
Huile de canola

1- Préchauffer l'huile de la friteuse à 375 °F (190 °C).

2- Couper les pâtes pour wonton en lanières de 5 à 10 mm d'épaisseur, puis en déposer une petite poignée à la fois dans la friteuse (attention, ne pas trop remplir le panier, car ça gonfle beaucoup). Frire environ 15 secondes en remuant avec des baguettes pour les séparer. Égoutter, transférer sur un papier absorbant et répéter pour les nouilles restantes.

OIGNONS FRITS

Rendement: ½ tasse (35 g)
Préparation: 10 minutes

1- Mettre l'échalote et l'huile dans une poêle et chauffer à feu moyen-élevé. Frire pour environ 5 à 7 minutes en remuant de temps en temps. Une fois que l'oignon est grillé, le passer au tamis pour le séparer de l'huile.

INGRÉDIENTS

3-4 échalotes françaises (100 g) finement tranchées
⅓ tasse (85 ml) d'huile de canola

Rendement: ½ tasses (50 g)
Préparation: 10 minutes

AIL FRIT

INGRÉDIENTS

2 têtes d'ail entières (90 g) hachées
⅓ tasse (85 ml) d'huile de canola

1- Mettre l'ail haché et l'huile dans une poêle et chauffer à feu moyen-élevé. Lorsque l'ail commence à frémir dans l'huile, continuer la cuisson pendant 7 à 8 minutes en remuant de temps en temps. Une fois que l'ail est grillé, le passer au tamis pour le séparer de l'huile.

Sauce aux prunes
Sauce thaï-tao

Sauce aigre-douce à l'ananas
Sauce rouge des restos chinois

SAUCE ROUGE DES RESTOS CHINOIS

La sauce rouge, aussi appelée « sauce aux cerises », est un très grand classique des restos chinois et des buffets ! Elle accompagne parfaitement les boules de poulet, mais vous pouvez aussi la déguster avec à peu près tout ce qui est frit. C'est vraiment une sauce passe-partout, vous la ferez si souvent que vous la connaîtrez par cœur !

Rendement: 1 ¼ tasse/315 ml
Préparation: 5 minutes
Cuisson: 2 minutes

SAUCE ROUGE

¾ tasse (185 ml) d'eau
½ tasse (110 g) de sucre
2 ½ c. à soupe de ketchup
4 c. à thé de vinaigre blanc
1 c. à thé de sauce soya claire
½ c. à thé de poudre de betterave (ou quelques gouttes de colorant rouge)
⅛ c. à thé de sel

POUR ÉPAISSIR

4 c. à thé de fécule de maïs
4 c. à thé d'eau

1- Dans une petite casserole, mettre tous les ingrédients de la sauce rouge ensemble, remuer et chauffer à feu fort pour amener à ébullition. Laisser bouillir 1 à 2 minutes.

2- Dans un petit bol séparé, mélanger 4 c. à thé de fécule de maïs avec 4 c. à thé d'eau. L'ajouter à la sauce et bien remuer jusqu'à épaississement.

3- Retirer du feu et laisser reposer 15 à 20 minutes, puis remuer avant de servir.

Scanner pour voir la vidéo de la recette

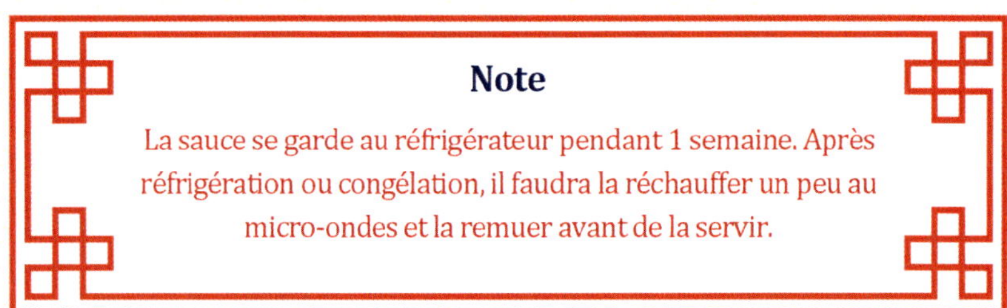

Note

La sauce se garde au réfrigérateur pendant 1 semaine. Après réfrigération ou congélation, il faudra la réchauffer un peu au micro-ondes et la remuer avant de la servir.

SAUCE AUX PRUNES

La sauce aux prunes est très connue au Québec et on la mange principalement avec des egg rolls. Elle est également délicieuse avec toutes sortes de bouchées frites ! Le plus étonnant dans cette sauce, c'est qu'il n'y a presque pas de prune, la saveur vient surtout de la purée de citrouille ! D'ailleurs, à l'automne, j'achète toujours une citrouille pour me faire de la purée, puis je la congèle en portions. Ça me fait des provisions pour pouvoir cuisiner de la sauce aux prunes tout au long de l'année ! - Christina

Rendement: 1 ½ tasse/375 ml
Préparation: 5 minutes
Cuisson: 6 minutes

SAUCE AUX PRUNES

½ prune (60 g)
½ tasse (125 ml) d'eau
½ tasse (125 ml) de purée de citrouille nature
¾ tasse (165 g) de sucre
⅓ tasse (85 ml) de vinaigre blanc
1 ½ c. à thé de sauce soya claire
1 ½ c. à thé de sauce Worcestershire
⅛ c. à thé de sel

POUR ÉPAISSIR

4 c. à thé de fécule de maïs
4 c. à thé d'eau

1- Couper la prune en morceaux et bien broyer dans un mélangeur de type Magic Bullet. Utiliser une partie des 125 ml d'eau pour que ce soit plus facile à broyer.

2- Transférer dans une petite casserole et ajouter le restant d'eau, la purée de citrouille, le sucre, le vinaigre, la sauce soya, la sauce Worcestershire et le sel. Remuer, mettre un couvercle et faire mijoter pour 5 minutes.

3- Filtrer la sauce dans un tamis afin d'enlever la pulpe qui donne un effet de compote. Remettre la sauce dans la casserole, puis à nouveau sur le feu.

4- Dans un petit bol, mélanger la fécule de maïs et l'eau. L'ajouter à la sauce et amener à ébullition en remuant. Bouillir 30-60 secondes pour bien épaissir, puis retirer du feu.

5- Laisser refroidir un peu et servir avec les petites bouchées de votre choix, idéal avec des egg rolls !

Scanner pour voir la vidéo de la recette

Note

La sauce se garde au réfrigérateur pendant 1 semaine. Après réfrigération ou congélation, il faudra la réchauffer un peu au micro-ondes et la remuer avant de la servir.

SAUCE THAÏ-TAO

Vous êtes un admirateur de la sauce général Tao et de la sauce chili thaïe sucrée ? Alors vous devez absolument essayer cette recette ! Nous avions créé cette sauce pour la recette des brochettes de poulet thaï-tao (p. 91), mais on trouvait qu'elle était vraiment délicieuse avec toutes sortes de petites bouchées frites ! Elle est un peu plus salée que les autres avec un léger côté piquant très agréable, ça apportera une belle variété de saveur à votre buffet maison !

Rendement: 1 ½ tasse/375 ml
Préparation: 10 minutes
Cuisson: 10 minutes

SAUCE THAÏ-TAO

¼ de poivron rouge (45 g) en cubes de 2-3 cm
3 gousses d'ail coupées grossièrement
1 petit piment thaï épépiné
½ tasse (125 ml) d'eau
¾ tasse (165 g) de cassonade dorée
¼ tasse (65 ml) de vinaigre de riz
2 c. à soupe de ketchup
2 c. à soupe de sauce soya claire
1 c. à soupe de sauce aux huîtres
1 c. à thé de sauce soya foncée
½ c. à thé de sauce Worcestershire
⅛ c. à thé de sel
¼ c. à thé d'huile de sésame (à ajouter à la fin)

POUR ÉPAISSIR

1 ½ c. à soupe de fécule de maïs
1 ½ c. à soupe d'eau

1- À l'aide d'un pied mélangeur ou d'un petit robot culinaire, broyer le poivron rouge, l'ail et le piment thaï avec la moitié de l'eau. Broyer en donnant quelques petits coups à la fois pour ne pas rendre le mélange trop lisse. Transférer ensuite dans une casserole.

2- Ajouter le reste de l'eau, la cassonade dorée, le vinaigre de riz, le ketchup, la sauce soya claire, la sauce aux huîtres, la sauce soya foncée, la sauce Worcestershire et le sel. Remuer et chauffer à feu fort pour amener à ébullition. Dès que ça bout, réduire à feu moyen et laisser bouillir 5 minutes à découvert.

3- Dans un petit bol, mélanger la fécule de maïs et l'eau. Ajouter à la sauce et amener à ébullition tout en remuant. Laisser bouillir 1 minute, le mélange deviendra légèrement translucide.

4- Retirer du feu, et ajouter l'huile de sésame. Remuer un peu et c'est prêt !

Note

Cette sauce peut se garder 1 semaine au réfrigérateur et se congèle sans problème.

SAUCE AIGRE-DOUCE À L'ANANAS

Les sauces qui sont à la fois sucrées, vinaigrées et fruitées vont très bien avec les petites bouchées frites comme les rouleaux impériaux, boules de poulet, galettes de crevette, etc. ! Ajoutez un peu de variété dans votre buffet en proposant un grand choix de sauces à vos invités !

Rendement: 400 ml
Préparation: 10 minutes
Cuisson: 2 minutes

SAUCE À L'ANANAS

1 tasse (140 g) d'ananas mûr en morceaux de 2-3 cm
¾ tasse (185 ml) d'eau
7 c. à soupe (100 g) de sucre
4 c. à soupe de vinaigre blanc (variable selon l'acidité de l'ananas)
1 c. à thé de sauce soya claire
⅛ c. à thé de sel

POUR ÉPAISSIR

1 ½ c. à thé de poudre anglaise
1 ½ c. à soupe de fécule de maïs
3 c. à soupe d'eau

1- Broyer les morceaux d'ananas dans un petit robot de type Magic Bullet. Utiliser une partie de l'eau au besoin pour que ce soit plus facile à broyer. Mettre ensuite dans une casserole.

2- Ajouter l'eau restante, le sucre, le vinaigre, la sauce soya et le sel. Chauffer à feu fort pour amener à ébullition.

3- Dans un petit bol séparé, mélanger la poudre de crème anglaise, la fécule de maïs et l'eau. Lorsque la sauce arrive à ébullition, ajouter le mélange de fécule en le versant graduellement jusqu'à ce que ça ait la consistance désirée. Laisser bouillir quelques secondes en mélangeant.

4- Retirer du feu, puis goûter pour rectifier les saveurs au besoin. Laisser refroidir un peu et servir avec les petites bouchées de votre choix !

Note 1

Vous pouvez faire la recette avec moins de sucre et de vinaigre si vous le souhaitez. Il ne sera pas trop tard à la fin de la cuisson pour ajuster ces ingrédients au goût. On peut remplacer la poudre de crème anglaise par de la fécule de maïs en gardant les mêmes dosages.

Note 2

La sauce se garde environ 1 semaine au réfrigérateur. Après réfrigération ou congélation, il faudra la réchauffer un peu au micro-ondes et la remuer avant de la servir.

Scanner pour voir la vidéo de la recette

HUILE DE CHILI

Parfumée, riche en saveurs et ajoutant une belle touche de couleur, l'huile de chili maison saura bien relever une foule de plats ! Pas très difficile à faire, elle fera un excellent condiment très polyvalent ! Cette sauce peut remplacer l'huile de chili croquante vendue dans les épiceries, mais comme elle est plus piquante, vaut mieux diminuer la quantité de moitié dans les recettes où il en faut.

Rendement: 2 ½ tasses/625 ml
Préparation: 5 minutes
Cuisson: 30 minutes

INGRÉDIENTS

1 tasse (80 g) de flocons de piment chili
3 c. à soupe de glutamate monosodique (MSG) (facultatif)
2 c. à thé de sucre
1 c. à thé de sel
2 tasses (500 ml) d'huile de canola
4 gousses d'ail épluchées et légèrement écrasées
2 échalotes françaises épluchées
6 anis étoilés
2 bâtons de cannelle
2 cardamomes noires
2 feuilles de laurier
2 c. à thé de poivre du Sichuan

1- Dans un bol en céramique résistant à la chaleur (ou dans une casserole), combiner les flocons de piment, le sucre, le sel et le MSG, puis réserver.

2- Mettre tous les ingrédients restants dans une casserole séparée et chauffer à feu moyen-élevé pour amener à une température de 225 °F-250 °F (105 °C-120 °C). Chauffer pour 30 minutes en s'assurant que la chaleur reste constante. L'ail et l'échalote peuvent être retirés avant que les 30 minutes soient terminées, s'ils sont sur le point de brûler.

3- Au bout de 30 minutes, retirer toutes les épices de l'huile, puis verser l'huile directement sur les flocons de piment. Il est important que l'huile soit entre 225 °F et 250 °F (105 °C-120 °C) si l'on ne veut pas brûler les flocons de piments. L'huile devrait pétiller légèrement au contact des flocons de piment.

4- Remuer et laisser refroidir avant de transférer le tout dans un pot Masson. L'huile pourra se garder environ 6 mois au réfrigérateur. On peut la consommer immédiatement, mais elle aura développé plus de saveurs après 1 semaine.

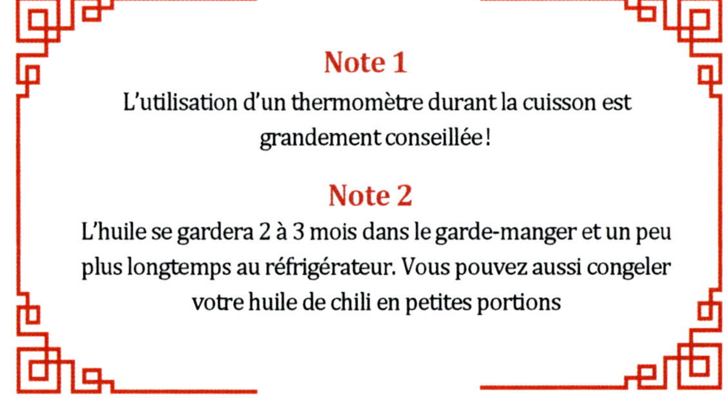

Note 1

L'utilisation d'un thermomètre durant la cuisson est grandement conseillée !

Note 2

L'huile se gardera 2 à 3 mois dans le garde-manger et un peu plus longtemps au réfrigérateur. Vous pouvez aussi congeler votre huile de chili en petites portions

Scanner pour voir la vidéo de la recette

Soupes et entrées froides

SOUPE WONTON AU POULET ET CORIANDRE

J'étais sceptique lorsque Christina a insisté pour faire une nouvelle recette de soupe wonton, car notre recette originale est déjà excellente ! Et bien, j'ai été agréablement surpris avec cette version qui met l'accent sur la coriandre et le poulet ! Il s'agit d'une combinaison populaire et très réconfortante en plus d'être plus accessible au niveau des ingrédients ! - Quy Tâm

Rendement: 6 portions
Préparation: 1 heure
Cuisson: 10 minutes

WONTONS

2 petits paquets (75 g) de vermicelles de haricots
1 lb (454 g) de poulet haché
1 ½ tasse (150 g) de chou vert haché finement
½ tasse (35 g) de coriandre hachée (feuilles et tiges)
2 oignons verts (30 g) hachés
3 gousses d'ail hachées finement
2 c. à soupe de poudre de bouillon de poulet
2 c. à soupe de sauce soya claire
2 c. à thé de vin de cuisson Shaoxing
2 c. à thé de fécule de maïs
1 c. à thé de sucre
¼ c. à thé de poivre blanc moulu
¼ c. à thé de poivre noir moulu
1 paquet de pâte wonton (environ 60 feuilles)

BOUILLON

3 gousses d'ail hachées
8 tasses (2 L) de bouillon de poulet (de type Knorr)
1 c. à soupe de sauce soya claire
2 c. à thé de sucre
⅛ c. à thé de poivre blanc moulu
1 c. à thé d'huile de sésame
Huile de canola

AUTRES INGRÉDIENTS

Coriandre
Nouilles frites (p. 25)
Oignons frits (p. 25)
Huile de chili (p. 32)

PRÉPARATION DES WONTONS

1- Tremper les vermicelles de haricots 10 à 15 minutes dans de l'eau tiède afin de les ramollir. Égoutter ensuite, puis couper en morceaux de 2 cm.

2- Mettre les vermicelles ainsi que tous les ingrédients des wontons (sauf les pâtes) dans un grand bol. Bien mélanger jusqu'à ce que la farce devienne légèrement collante.

3- Déposer une petite quantité de farce au centre de chaque feuille de wonton, mouiller les bordures avec un peu d'eau, et replier selon la méthode désirée. Former des boulettes sans pâte pour la farce restante.

PRÉPARATION DU BOUILLON

1- Chauffer une casserole à feu moyen-élevé et mettre un peu d'huile de canola. Ajouter l'ail et faire revenir 15 à 30 secondes, ou jusqu'à ce qu'il soit bien grillé.

2- Ajouter le bouillon de poulet, la sauce soya claire, le sucre et le poivre blanc. Amener à ébullition, puis fermer le feu. Ajouter l'huile de sésame et mélanger.

ASSEMBLAGE DU PLAT

1- Amener une grande casserole d'eau à ébullition et y plonger les wontons et les boulettes. À partir du moment où tous les wontons flottent, cuire 3 minutes.

2- Combiner le bouillon avec la quantité de wontons souhaitée, et garnir avec de la coriandre, des nouilles frites ou oignons frits, et un peu d'huile de chili pour un peu de piquant.

Note pour la congélation

Pour pouvoir congeler les wontons crus, il faut utiliser du poulet frais (qui n'a pas été congelé). Étaler les wontons non cuits sur une plaque en les espaçant, puis mettre au congélateur. Un fois durcis, les transférer dans un sac de congélation. Ils pourront être réchauffés en les faisant bouillir en suivant les instructions de la recette. Le bouillon peut être congelé séparément des wontons.

Les wontons peuvent aussi être congelés après avoir été bouillis, il faudra les étaler sur une plaque couverte d'un papier parchemin avant de les congeler. Vous pouvez aussi les congeler directement dans le bouillon, mais la pâte sera plus molle. Avec des wontons déjà cuits, vous aurez l'option de les réchauffer au micro-ondes.

Finalement, si vous voulez des wontons frits, il est préférable de les frire avant de les congeler, il ne restera qu'à les réchauffer au four à 400 °F (205 °C) pour 8 à 10 minutes. Retirer dès que la pâte commence à brunir et que le centre est chaud, le temps de cuisson peut varier selon le pliage.

1

2

Pour faire des wontons frits, simplement les frire dans de l'huile à 375 °F (190 °C) pour environ 3 minutes. Il ne faut pas trop surcharger le panier de la friteuse, car les wontons gonfleront.

SOUPE VIETNAMIENNE AUX LÉGUMES

Voici une soupe vietnamienne très populaire dans les restos au Québec ! On nous a souvent demandé une recette pour ça! On a donc fait une version Hop dans le wok ! En faisant un bouillon complètement maison, on s'assure une saveur riche et très réconfortante !

Rendement: 6-8 portions
Préparation: 20 minutes
Cuisson: 3 heures

BOUILLON

2 carcasses de poulet (environ 1 kg au total)
16 tasses (4 L) d'eau
2 oignons jaunes (300 g) pelés et coupés en 2
1 daïkon (600 g) en rondelles de 2 cm d'épaisseur
3 c. à soupe (35 g) de citronnelle hachée
3 tranches de gingembre (25 g)
4 pieds (racines + tiges) de coriandre (20 g)
1 c. à soupe de graines de coriandre
2 anis étoilés

AUTRES INGRÉDIENTS

1 c. à soupe d'huile de canola
3 gousses d'ail hachées
2 c. à soupe de glutamate monosodique (MSG)
1 c. à soupe de sauce de poisson (marque des 3 crabes)
1 c. à soupe de sauce aux huîtres
2 c. à thé de sucre
1 ½ c. à thé de sel
1 ½ tasse (200 g) de carottes en dés de 1,5 cm
1 oignon jaune (150 g) en julienne
½ poivron rouge (90 g) en julienne
1 zucchini (225 g) en julienne
5 tasses (150 g) d'épinards chinois (tiges + feuilles) hachés grossièrement
1 ½ tasse (125 g) de champignons blancs tranchés
6 à 8 portions de vermicelles de riz cuites
Oignons verts en rondelles (garniture)
Coriandre grossièrement hachée (garniture)

PRÉPARATION DU BOUILLON

1- Mettre les carcasses de poulet dans une grosse marmite et les couvrir d'eau. Chauffer à feu fort et bouillir pour 10 minutes. Vider tout le contenu dans l'évier, rincer les carcasses à l'eau pour enlever les impuretés, puis les remettre dans la marmite nettoyée. Ajouter assez d'eau pour les couvrir à nouveau (environ 4 litres).

2- Chauffer une poêle à feu moyen-élevé et y déposer les oignons, face vers le bas. Laisser griller 5 à 7 minutes sans les retourner. Gratter ensuite la partie noire et mettre les oignons dans la marmite. Ajouter les rondelles de daïkon, la citronnelle, le gingembre, les pieds de coriandre, les graines de coriandre et l'anis étoilé. Porter à ébullition, puis baisser à feu doux. Mijoter doucement à découvert pendant 2 heures 30 minutes.

3- Une fois le mijotage terminé, retirer tous les morceaux solides de la marmite et passer le bouillon au tamis. S'assurer de bien égoutter et presser les morceaux pour en retirer le plus de bouillon possible. Il devrait y avoir 3 litres au total, s'il y en a moins, simplement ajouter un peu d'eau. S'il y en a plus, remettre sur le feu pour réduire un peu. Il n'est pas nécessaire de dégraisser le bouillon, mais si vous voulez le faire, il faudra le réfrigérer plusieurs heures et retirer le gras qui aura remonté à la surface.

PRÉPARATION DE LA SOUPE

1- Chauffer une grande marmite (capacité de 5 litres) à feu moyen et mettre 1 c. à soupe d'huile de canola. Ajouter l'ail et faire revenir 15 à 30 secondes ou jusqu'à ce qu'il commence à griller.

2- Ajouter les 3 litres de bouillon préparés plus tôt, le MSG, la sauce de poisson, la sauce aux huîtres, le sucre et le sel. Mélanger et amener à petite ébullition.

3- Ajouter les carottes et laisser mijoter à feu moyen pendant 8 minutes.

4- Incorporer les oignons jaunes et le poivron rouge, puis laisser mijoter 3 à 4 minutes.

5- Ajouter le zucchini, les épinards et les champignons. Laisser mijoter pour environ 2 minutes, puis retirer du feu.

6- Servir avec une portion de vermicelles de riz et garnir avec des oignons verts et un peu de coriandre.

...suite à la page suivante

Note 1

Le MSG n'est pas essentiel, mais c'est l'ingrédient secret qui vous fera dire : « Oh, ça goûte comme au resto ! ». Vous pouvez l'omettre, mais il faudra compenser avec plus de sel et de sucre. Le MSG s'achète facilement dans toutes les épiceries.

Note 2

La soupe se congèle bien, mais les épinards seront très mous. Il faut aussi éviter de congeler les vermicelles de riz dans le bouillon, il est préférable d'en cuire des nouvelles au moment de réchauffer la soupe.

SOUPE BANGKOK

Cette soupe ressemble un peu à une soupe thaïe au curry rouge et lait de coco, mais en moins piquante et avec un petit goût crémeux de beurre d'arachides. On utilise aussi de la sauce soya plutôt que de la sauce de poisson dans les assaisonnements, ce qui rend cette soupe encore plus accessible ! Je dois l'avouer, on adore vraiment cette soupe ici, elle revient souvent à notre menu pour les repas de soir de semaine !

Rendement: 4 portions
Préparation: 10 minutes
Marinade: 30 minutes
Cuisson: 20 minutes

SOUPE

1 lb (454 g) de poitrines de poulet en tranches minces
1 ½ c. à thé de bicarbonate de soude
1 c. à soupe d'huile de canola
3 gousses d'ail hachées
1 ½ c. à soupe de pâte de curry rouge (du type Mae Ploy)
3 tasses (750 ml) de bouillon de poulet
1 boîte (400 ml) de lait de coco
3 c. à soupe de beurre d'arachides
1 c. à soupe de sauce soya claire
2 c. à thé de sucre
2 c. à thé de graines de coriandre moulues
½ c. à thé de curcuma moulu
½ poivron rouge (90 g) en julienne

GARNITURES

Vermicelles de riz (minces ou larges)
Laitue Iceberg émincée
Coriandre
Lime

1- Dans un bol, mélanger le poulet et le bicarbonate de soude. Ajouter 1 c. à soupe d'eau au besoin pour que ce soit plus facile à mélanger. Laisser mariner 30 minutes, puis bien rincer sous l'eau froide. Égoutter et réserver.

2- Chauffer une grande casserole à feu moyen et mettre l'huile de canola et l'ail. Faire revenir 15 à 30 secondes, puis ajouter la pâte de curry rouge. Faire revenir pour 2 minutes, ajouter de l'huile au besoin.

3- Incorporer le bouillon de poulet, le lait de coco, le beurre d'arachides, la sauce soya claire, le sucre, les graines de coriandre moulues et le curcuma moulu. Mélanger et monter le feu pour amener à ébullition. Dès que ça bout, réduire à feu moyen et laisser mijoter 12 minutes sans couvercle.

4- Ajouter le poivron rouge et continuer de mijoter 2 minutes.

5- Intégrer les morceaux de poulet en les séparant bien et continuer la cuisson pour 2 à 4 minutes.

6- Une fois que le poulet est cuit, goûter le bouillon et ajuster au besoin.

7- Cuire les vermicelles de riz dans de l'eau en suivant les instructions sur l'emballage.

8- Servir la soupe avec des vermicelles, et garnir de laitue Iceberg et de coriandre fraîche. Presser un quartier de lime et déguster !

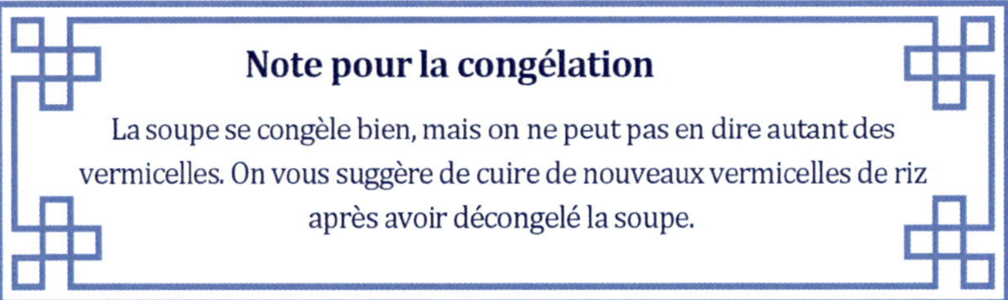

Note pour la congélation

La soupe se congèle bien, mais on ne peut pas en dire autant des vermicelles. On vous suggère de cuire de nouveaux vermicelles de riz après avoir décongelé la soupe.

SOUPE AUX ŒUFS CHINOISE (EGG DROP SOUP)

Lorsque j'allais dans les buffets chinois, je voyais une soupe qui ressemblait beaucoup à la soupe asperge et crabe (qui est un gros classique vietnamien). Comme il semblait y avoir moins d'ingrédients, je croyais que c'était une adaptation bon marché, mais en réalité, il s'agissait de la soupe « egg drop » qui est une vraie recette en elle-même ! C'était donc, sans le savoir, la soupe que je prenais par défaut quand je mangeais dans les restos ! Notre version capture bien la saveur typique de ce plat ! Vous obtiendrez aussi l'effet « buffet » en la servant en entrée, car elle est juste tellement connue ! Elle est délicieuse en plus d'être facile et rapide à faire ! - Quy Tâm

Rendement: 10 portions entrées de 250ml
Préparation: 5 minutes
Cuisson: 10 minutes

SOUPE
6 tasses (1,5 litre) de bouillon de poulet (cubes Knorr ou bouillon maison)
1 tasse (150 g) de grains de maïs frais (1 épi)
2 c. à thé de sucre
½ c. à thé de sel
⅛ c. à thé de poivre blanc
½ bloc (250 g) de tofu mou coupé en cubes de 10-12 mm
4 œufs battus
20 crevettes (calibre 41-50)
¾ c. à thé d'huile de sésame

POUR ÉPAISSIR
¼ tasse (45 g) de fécule de pomme de terre (ou fécule de maïs)
¾ tasse (185 ml) d'eau

GARNITURES (AU CHOIX)
Oignons verts en rondelles
Poivre blanc moulu
Vinaigre noir ou rouge

1- Décortiquer et déveiner les crevettes. Couper en 2 sur l'épaisseur, puis réserver.

2- Dans une casserole (qui peut contenir minimum 3 litres), mettre le bouillon de poulet, les grains de maïs, le sucre, le sel et le poivre blanc. Chauffer à feu fort pour amener à ébullition, puis réduire ensuite à feu moyen.

3- Ajouter le tofu mou, remuer doucement pour répartir les morceaux. Couvrir et laisser mijoter 5 minutes.

4- Pendant ce temps, dans une tasse à mesurer, mélanger la fécule de pomme de terre et l'eau.

5- Une fois le mijotage terminé, retirer le couvercle et verser graduellement le mélange de fécule, tout en remuant. Baisser à feu doux lorsque la soupe aura épaissi.

6- Verser les œufs très doucement tout en remuant le bouillon en tournant la cuillère dans une direction. Ne pas brasser la soupe trop vigoureusement, car les œufs se briseront en filaments trop fins.

7- Ajouter les crevettes et laisser cuire à feu doux pour 1 à 2 minutes, ou jusqu'à ce qu'elles soient cuites.

8- Éteindre le feu et ajouter l'huile de sésame. Ajuster le sel et le sucre au besoin.

9- Servir et garnir avec un peu d'oignons verts. On peut aussi ajouter un filet de vinaigre noir (ou rouge) directement dans notre bol, mais ceci est facultatif.

Scanner pour voir la vidéo de la recette

Note

La soupe est très bonne lorsqu'elle est réchauffée au micro-ondes le lendemain, mais elle sera plus liquide que lorsqu'elle est fraîchement faite.

SALADE BANGKOK

J'avoue être tombée en amour avec cette recette, j'ai même converti Quy Tâm (comme il est carnivore, c'est bon signe lorsqu'il dit que la salade est vraiment bonne, haha) ! J'adore sa fraîcheur, c'est un superbe plat d'accompagnement s'il y a des plats un peu plus lourds ou frits. De plus, cette salade s'assemble en un rien de temps, et les ingrédients sont très accessibles ! - Christina

Rendement: 6 portions entrées
Préparation: 15 minutes
Marinade: 10 minutes
Cuisson: 5 minutes

MARINADE DU POULET

1 poitrine de poulet (300 g) en lanières de 2 cm d'épaisseur
2 c. à soupe de sauce thaïe chili sucrée
1 c. à soupe de sauce soya claire
Huile de canola (pour la cuisson du poulet)

SAUCE

⅓ tasse (85 ml) de sauce thaïe chili sucrée
3 c. à soupe de mayonnaise (de type Hellmann's)
1 ½ c. à soupe de sauce soya claire
1 ½ c. à soupe de jus de lime

SALADE

6 tasses (360 g) de laitue iceberg tranchée
½ poivron rouge (90 g) en julienne
1 ou 2 clémentines (couper les quartiers en 2)
⅓ de concombre anglais (100 g) en demi-tranches
1 oignon vert (20 g) en rondelles
⅓ tasse (10 g) de coriandre hachée grossièrement
⅓ tasse (55 g) de noix de cajou
1 tasse (35 g) de nouilles croustillantes chow mein (de type Farkay)

1- Mariner le poulet avec la sauce thaïe chili sucrée et la sauce soya pour minimum 10 minutes.

2- Chauffer une poêle à feu moyen-élevé et mettre un peu d'huile. Égoutter le poulet mariné avant de le déposer dans la poêle, puis le cuire environ 4 à 5 minutes ou jusqu'à ce qu'il ait perdu sa teinte rosée. Lorsqu'il est cuit, le retirer dans une assiette, laisser refroidir quelques minutes, puis couper en petites tranches.

3- Dans un petit bol, mélanger tous les ingrédients de la sauce. Goûter et ajuster au besoin.

4- Dans un grand bol, combiner tous les ingrédients pour la salade, ainsi que le poulet. **Note :** le poulet peut aussi être gardé séparément pour pouvoir mieux le diviser au moment de servir.

5- Ajouter la sauce seulement au moment de servir, quantité au goût.

Astuce pour préparer en avance

Les ingrédients de la salade peuvent être mélangés la journée avant, sauf les noix de cajou et les nouilles croustillantes. Elles doivent être ajoutées juste au moment de servir pour éviter qu'elles ramollissent. Garder le poulet cuit séparé pour pouvoir le réchauffer un peu au micro-ondes avant de l'ajouter à la salade. La sauce doit être gardée séparée également.

HOSOMAKI (PETITS ROULEAUX DE SUSHI)

Les hosomakis sont des petits makis n'ayant qu'une garniture (parfois 2 !) et font partie intégrante de n'importe quel repas sushi ! Je suis toujours un peu déçu de ceux servis dans les buffets, ils ont beaucoup trop de riz pour la quantité de garniture. En les faisant vous-même, vous aurez la possibilité de mettre les garnitures en valeur pour plus de saveurs en bouche ! Moins de riz voudra aussi dire que vous ne vous bourrerez pas pour rien, vous aurez plus de place pour d'autres plats durant le repas ! - Quy Tâm

Rendement: 8-10 rouleaux
Préparation: 45 minutes
Cuisson: 40 minutes

RIZ

1 ½ tasse ou 340 g de riz à sushi (calrose) non cuit
1 ½ tasse ou 360 ml d'eau
3 c. à soupe de vinaigre de riz
2 c. à soupe de sucre
1 c. à thé de sel

GARNITURES (AU CHOIX)

5 feuilles d'algue nori
1 concombre anglais
1 avocat
Daïkon jaune (radis) mariné
1 petite carotte
Saumon cru pour sushi
Graines de sésame blanches et noires

ACCOMPAGNEMENTS

Gingembre rose mariné pour sushi
Wasabi
Sauce soya pour sushi
Mayonnaise japonaise (Kewpie) + sauce sriracha au goût

1- Préparer le riz à sushi en le rinçant d'abord 4 fois pour enlever le surplus d'amidon. Une fois égoutté, le mettre dans le cuiseur à riz avec l'eau. Commencer la cuisson, puis ne pas retirer le couvercle durant cette étape. Lorsque la cuisson sera terminée, débrancher le cuiseur et laisser reposer 10 minutes sans retirer le couvercle.

2- Dans un petit bol, mélanger le vinaigre de riz, le sucre et le sel. On peut faire chauffer le mélange 20 à 25 secondes au micro-ondes pour aider le sucre à se dissoudre.

3- Une fois le repos du riz terminé, le transférer dans un grand contenant. Ajouter le vinaigre assaisonné et mélanger le riz jusqu'à ce que tout le liquide soit absorbé.

4- Préparer toutes les garnitures en les coupant en tranches ou en julienne de la taille de votre choix.

5- Découper les feuilles de nori en 2, au centre, parallèlement aux lignes pointillées des feuilles.

6- Recouvrir le tapis de bambou d'une pellicule de plastique pour éviter que le riz ne s'y colle (facultatif).

7- Mettre une demi-feuille d'algue sur le tapis de bambou, le côté rugueux vers le haut. Se mouiller les mains avec de l'eau, puis prendre une petite poignée de riz. L'étendre avec les doigts sur le nori en laissant seulement une bande de 1 cm sans riz (sur la partie du haut). **(Voir p. 52)**

8- Déposer la garniture au choix environ au centre de la feuille. Attention à ne pas trop en mettre. Commencer à rouler à partir du bas, puis utiliser le tapis de bambou pour venir bien serrer le rouleau. Mouiller ensuite la bordure de nori sans riz avec un peu d'eau, puis finir de le rouler.

9- Couper le rouleau en 6 morceaux égaux. Nettoyer le couteau entre chaque coupe à l'aide d'un linge humide.

10- Pour un rouleau californien, placer le riz de la même façon sur la feuille de nori. Mettre des graines de sésame sur le riz. Retourner la feuille de nori (le côté avec le riz sera contre le tapis), la bordure sans riz sera vers le bas. Mettre les garnitures au choix et fermer de la même manière que le rouleau standard. **(Voir p. 53)**

Scanner pour voir la vidéo de la recette

Note

Les hosomakis peuvent être faits la veille et être réfrigérés. Il faudra les sortir du frigo 30 minutes avant de la servir pour que le riz ne soit pas trop dur.

1
Rouleau régulier

2

3

4

Rouleau californien
1

2

3

4

5

6

Plats d'accompagnement sans viande

CHOW MEIN À LA SAUCE SOYA

Peu de plats sont aussi populaires que le chow mein à la sauce soya ! Il est presque vendu par défaut dans tous les restaurants chinois ! Il peut paraître simpliste, mais c'est réellement le petit goût de wok hei qui fait tout son charme ! À nos débuts, je me demandais si Christina pouvait obtenir cette saveur fumée que l'on retrouve dans les restos. À ma grande surprise, oui, ça se fait très bien avec un wok en acier carbone culotté ! Si nous avons réussi, ça veut dire que c'est à la portée de tout le monde ! - Quy Tâm

Rendement: 6-8 portions d'accompagnement
Préparation: 25 minutes
Cuisson: 5 minutes

INGRÉDIENTS

1,1 lb (500 g) de nouilles fraîches « Chow Mein »
½ oignon jaune moyen (75 g) coupé en julienne
1-2 oignons verts (25 g) coupés en lanières (parties blanches et vertes séparées)
3 tasses (225 g) de fèves germées
5-6 branches de ciboulette à l'ail (30 g) coupées en morceaux de 2 po/5 cm
Huile de canola

SAUCE

1 c. à soupe de sauce soya foncée
2 c. à soupe de sauce soya claire
2 c. à thé de sauce aux huîtres
1 ½ c. à thé de sucre

1- Mélanger les ingrédients de la sauce et réserver.

2- Bouillir les nouilles à chow mein en suivant les instructions de l'emballage, mais en s'assurant d'avoir une cuisson al dente. Égoutter, puis étaler dans un grand contenant de plastique. Mettre une petite quantité d'huile de canola sur les nouilles et les remuer pour qu'elles ne prennent pas en pain.

3- Chauffer le wok à feu vif, puis une fois qu'il y a de la fumée, mettre un peu d'huile. Ajouter les oignons jaunes ainsi que la partie blanche des oignons verts et faire sauter pour 1 à 2 minutes Ajouter ensuite les fèves germées et continuer la cuisson pour 1 minute avant de retirer le tout dans un bol.

4- Attendre que le wok chauffe à nouveau, mettre une petite quantité d'huile, et faire revenir les oignons verts et la ciboulette à l'ail pour environ 20 à 30 secondes. Retirer dans le même bol que les fèves germées et les oignons.

5- Toujours à feu vif, attendre qu'il y ait un peu de fumée et ajouter un fond d'huile. Incorporer les nouilles, puis sauter 1 à 2 minutes afin d'avoir quelques côtés un peu grillés. Ajouter un peu d'huile au fond si les nouilles semblent coller au métal.

6- Verser ensuite la sauce, puis bien remuer les nouilles. Lorsque la sauce est bien répartie, ajouter tous les légumes. Bien remuer le tout et éteindre le feu, c'est prêt !

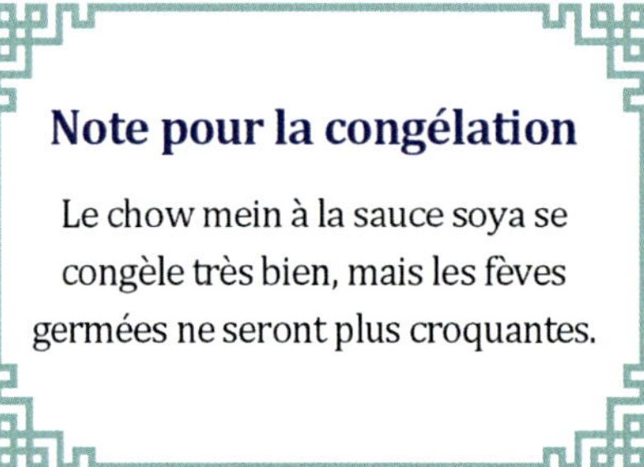

Note pour la congélation

Le chow mein à la sauce soya se congèle très bien, mais les fèves germées ne seront plus croquantes.

Scanner pour voir la vidéo de la recette

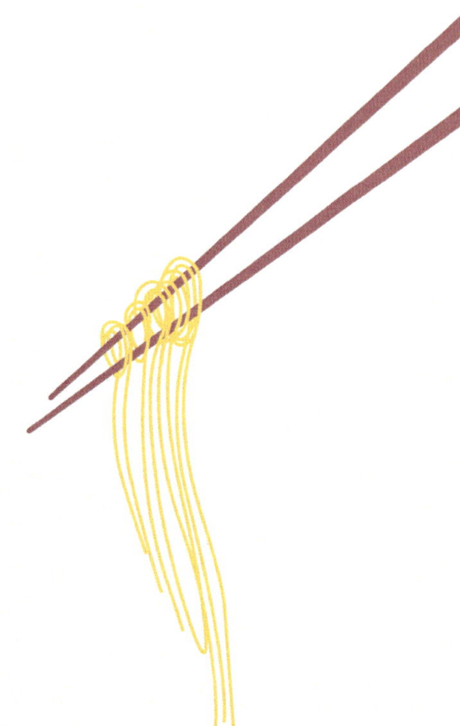

VERMICELLES SINGAPOUR

AUX LÉGUMES

Cette recette de vermicelles Singapour est très simple et rapide à préparer ! Nous avons fait une version sans viande pour que ce soit une option d'accompagnement plus accessible. Ça ressemble beaucoup à ceux des buffets chinois, mais en plus savoureux ! Si vous ne connaissez pas ce plat, ce sont des vermicelles de riz très fins avec un assaisonnement au curry, mais il n'y a pas de sauce. Les bouchées sont un peu sèches, mais faites-nous confiance, c'est une des caractéristiques qui rend ce plat si addictif !

Rendement: 6-8 portions d'accompagnement
Préparation: 15 minutes
Cuisson: 10 minutes

INGRÉDIENTS

250 g de vermicelles de riz très fins
20 pois mange-tout
½ poivron rouge (90 g) en julienne
½ oignon jaune (75 g) en julienne
1 ½ tasse (110 g) de fèves germées
2 c. à soupe d'huile de canola (un peu plus pour la cuisson des aliments)
4 gousses d'ail hachées

SAUCE

3 c. à soupe de vin de cuisson Shaoxing
2 c. à soupe de sauce soya claire
2 c. à thé de poudre de curry de Madras
1 c. à thé de sucre
¾ c. à thé de cumin moulu
½ c. à thé de curcuma moulu
½ c. à thé de sel

1- Déposer les vermicelles dans un grand contenant. Bouillir de l'eau, la laisser refroidir 1 minute, puis la verser sur les vermicelles. Laisser reposer 2 minutes, puis les égoutter. Remettre les vermicelles dans le contenant en les étalant pour éviter qu'ils prennent en pain.

2- Dans un petit bol, mélanger tous les ingrédients de la sauce, puis réserver.

3- Dans un wok à feu fort, mettre un peu d'huile et faire revenir les pois mange-tout, les poivrons et les oignons pour 2 à 3 minutes, puis retirer le tout dans un bol. Note : Vous pouvez aussi cuire les légumes séparément pour mieux contrôler la texture de chacun d'eux selon vos goûts.

4- Remettre un peu d'huile et faire revenir les fèves germées pendant 30 secondes. Retirer avec les autres légumes.

5- Baisser à feu moyen-élevé et ajouter l'huile de canola (2 c. à soupe) et l'ail. Faire revenir pendant 15 à 30 secondes ou jusqu'à ce que l'ail soit légèrement grillé, puis ajouter la sauce. Amener à ébullition et bouillir 1 minute.

6- Éteindre le feu et incorporer les vermicelles. Bien mélanger pour étendre la sauce uniformément, puis ajouter les légumes. Mélanger à nouveau et servir !

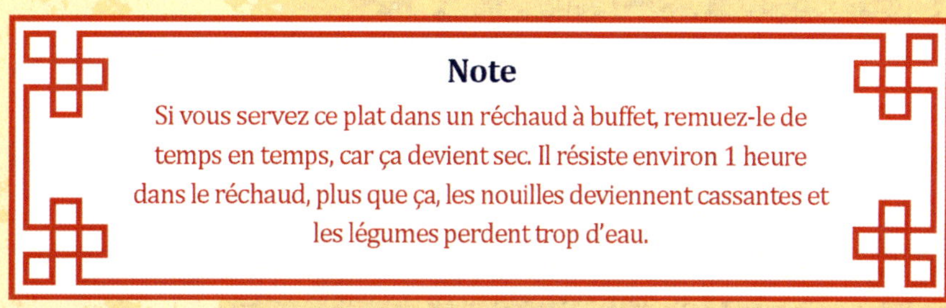

Note

Si vous servez ce plat dans un réchaud à buffet, remuez-le de temps en temps, car ça devient sec. Il résiste environ 1 heure dans le réchaud, plus que ça, les nouilles deviennent cassantes et les légumes perdent trop d'eau.

RIZ FRIT À LA SAUCE SOYA

Ce riz frit est celui que nous cuisinons le plus souvent à la maison, il est tellement simple et rapide ! Si vous le souhaitez, vous pouvez ajouter une protéine et plus de légumes pour en faire un plat complet, mais je crois que la version « de base » est vraiment bonne par elle-même. Si vous pouvez cuisiner cette recette dans le wok en acier carbone, ce sera encore mieux. L'effet de wok hei ajoutera une saveur un peu fumée et typique des restaurants chinois !

Rendement: 6-8 portions d'accompagnement
Préparation: 10 minutes
Cuisson: 20 minutes

INGRÉDIENTS

2 ¼ tasses (450 g) de riz jasmin non cuit
2 ¾ tasses (675 ml) d'eau
6 c. à soupe de sauce soya claire
1 ½ c. à soupe de sauce soya foncée
2 c. à thé de cassonade dorée
2 c. à soupe d'huile de canola
3-4 oignons verts (70 g) en rondelles (parties blanches et vertes séparées)
6 gousses d'ail hachées
3 œufs battus

1- Rincer le riz 3 à 4 fois pour enlever le surplus d'amidon, et bien l'égoutter. Le mettre dans le cuiseur à riz, ajouter l'eau et mettre la machine en marche. Une fois cuit, ouvrir le couvercle et remuer le riz. Refermer le couvercle et laisser reposer minimum 10 minutes.

2- Dans un bol, mélanger la sauce soya claire, la sauce soya foncée et la cassonade. Mettre au micro-ondes pour 20 à 30 secondes pour aider à dissoudre la cassonade, puis réserver.

3- Chauffer un wok en acier carbone à feu vif. Une fois qu'il y a un peu de fumée, ajouter l'huile de canola, puis mettre la partie blanche des oignons verts et l'ail. Faire revenir pour environ 1 minute ou jusqu'à ce que l'ail soit légèrement grillé. **Note importante :** En utilisant un wok électrique ou autre outil de cuisine avec un revêtement antiadhésif, il faut mettre l'huile dès le début et faire une cuisson à feu moyen-élevé.

4- Ajouter le riz jasmin (froid s'il a été fait la veille), et le remuer pour environ 3 minutes. Il faut bien le mélanger aux autres ingrédients, et en même temps il faut essayer de détacher les grains de riz le plus possible les uns des autres. Ajouter de l'huile dans le wok au besoin.

5- Avec la spatule, pousser le riz sur un des côtés du wok. Mettre un peu d'huile au fond du wok et ajouter les œufs battus. Baisser à feu moyen et les laisser cuire un peu avant de mettre tout le riz sur le dessus de ceux-ci. Laisser cuire sans remuer jusqu'à ce que les œufs soient presque complètement cuits.

6- Lorsque les œufs sont cuits à environ 80-90 %, monter à feu vif et remuer le riz. Verser ensuite le mélange de sauce sur les parois internes du wok (et non directement dans le riz). Remuer jusqu'à ce que tous les ingrédients soient bien répartis.

7- Éteindre le feu et ajouter les oignons verts. Bien remuer et servir !

Scanner pour voir la vidéo de la recette

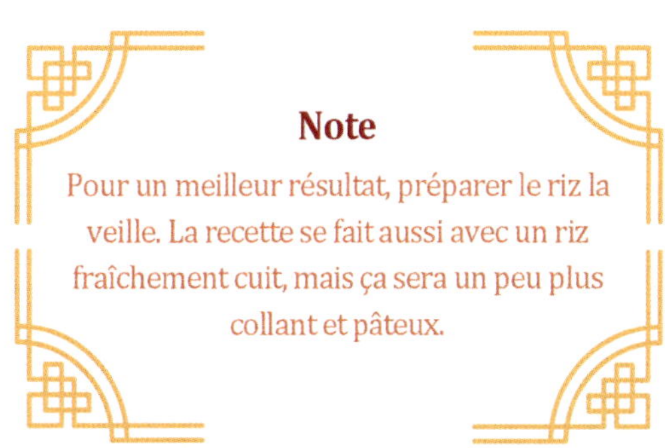

Note

Pour un meilleur résultat, préparer le riz la veille. La recette se fait aussi avec un riz fraîchement cuit, mais ça sera un peu plus collant et pâteux.

SAUTÉ DE BROCOLI

Le sauté de brocoli est probablement le plus connu des sautés de légumes dans les buffets chinois. Les gens vont souvent appeler ce plat « les brocolis avec la sauce blanche » ou encore « les brocolis qui n'ont pas beaucoup de sauce ». La réalité c'est qu'il n'y a presque pas de sauce en partant, mais plus on laisse les brocolis dans le réchaud, plus ils perdent de l'eau et c'est là que la sauce se crée. Je vous déconseille de doubler la sauce si votre but c'est d'avoir un résultat comme au buffet. Plus de sauce fera juste des brocolis plus mous qui perdent de l'eau plus rapidement. -Christina

Rendement: 8 portions d'accompagnement
Préparation: 15 minutes
Cuisson: 10 minutes

INGRÉDIENTS

2-3 couronnes de brocoli (750 g) en bouquets de 5 cm et tiges tranchées
1-2 carottes (150 g) en biseau de 3-4 mm d'épaisseur
1 oignon jaune (125 g) en julienne
Huile de canola

SAUCE

½ tasse (125 ml) d'eau
1 c. à soupe de poudre de bouillon de poulet
1 c. à soupe de fécule de maïs
2 c. à thé de sauce aux huîtres
1 c. à thé de vin de cuisson Shaoxing
1 c. à thé de poudre d'ail
1 c. à thé de poudre d'oignon
½ c. à thé de sucre
¼ c. à thé de sel

1- Mélanger tous les ingrédients de la sauce, puis réserver.

2- Amener une grande casserole d'eau à ébullition. Ajouter les tiges de brocoli et les blanchir pour 45 secondes. Ajouter ensuite les bouquets de brocoli et continuer la cuisson pour 1 minute. Fermer le feu, égoutter le brocoli dans une passoire et réserver.

3- Chauffer un wok à feu moyen (250 °F/120 °C), puis mettre un peu d'huile. Ajouter les carottes et faire revenir pendant 2 minutes.

4- Ajouter les oignons et continuer de faire revenir pour 2 minutes.

5- Verser la sauce dans le wok et bien remuer jusqu'à ce que ça épaississe.

6- Incorporer les brocolis, bien remuer pour étaler la sauce, puis fermer le feu. À ce stade, il n'y aura plus de sauce liquide au fond. Il faut laisser 5 à 10 minutes de repos, avec un couvercle, pour que les légumes perdent un peu d'eau et qu'une sauce blanche se forme.

Note pour la congélation

Les légumes seront plus mous après la congélation et la sauce un peu plus liquide. Dégeler complètement avant de réchauffer au micro-ondes.

CHOP SUEY AUX LÉGUMES

Ce qui fait le charme d'un chop suey, c'est le « wok hei », cette fameuse saveur que le wok en acier carbone ajoute durant la cuisson ! Je dois vous avouer que dans les buffets, j'en prends seulement si je vois qu'il est frais fait, car les fèves germées peuvent devenir très molles rapidement. J'ai toujours vu les versions sans viande, mais sentez-vous libre d'ajouter la protéine de votre choix pour en faire un plat plus complet !
- Christina

Rendement: 4-6 portions d'accompagnement
Préparation: 20 minutes
Cuisson: 10 minutes

INGRÉDIENTS

2 gousses d'ail hachées
1 carotte moyenne (100 g) en julienne, épaisseur de 3 mm
½ oignon jaune (75 g) en julienne, 7-8 mm de largeur
1 branche de céleri (70 g) coupée en biseau, épaisseur de 5 mm
4 grandes feuilles de chou nappa (225 g) - feuilles en morceaux de 4-5 cm et tiges en tranches de 1-2 cm, perpendiculaires à la fibre
6-8 branches (35 g) de ciboulette à l'ail en morceaux de 4 cm
6 tasses (450 g) de fèves germées
Huile de canola

SAUCE

½ tasse (125 ml) de bouillon de poulet
2 c. à soupe de sauce soya claire
2 c. à soupe de sauce aux huîtres
2 c. à soupe de fécule de maïs
½ c. à thé de sucre
⅛ c. à thé de poivre blanc moulu

1- Mélanger tous les ingrédients de la sauce et réserver.

2- Chauffer le wok à feu fort, mettre un peu d'huile et faire revenir l'ail quelques secondes pour la griller légèrement.

3- Ajouter les carottes, l'oignon jaune et le céleri, puis faire revenir environ 3 minutes. Retirer ensuite le tout dans un bol.

4- Remettre un peu d'huile dans le wok et ajouter les tiges de chou nappa, faire sauter 1 minute. Incorporer ensuite les feuilles de chou nappa et la ciboulette à l'ail, et continuer de faire revenir 1 minute. Retirer ensuite dans le bol avec les autres légumes.

5- Toujours à feu fort, mettre un peu d'huile dans le wok et faire revenir les fèves germées 30 secondes. Remuer la sauce et la verser sur les fèves germées. Remuer jusqu'à ce que la sauce commence à bouillir.

6- Dès que la sauce est épaissie, éteindre le feu et remettre tous les légumes dans le wok. Bien remuer et servir !

Note 1

Pour en faire un repas complet, vous pouvez y ajouter la protéine de votre choix. Il faudra juste cuire la viande séparément et la retirer, elle sera ajoutée au plat final à la fin avec tous les autres légumes.

Note 2

Ce plat est à son meilleur lorsqu'il est frais fait. Les légumes perdent rapidement leur eau et cela va diluer les saveurs du plat, en plus de rendre le tout plus liquide. Si vous planifiez faire un buffet, vous pourriez couper tous vos légumes en avance et faire la sauce dans un pot Masson que vous garderez au frigo. Le jour J, il ne vous restera qu'à faire la cuisson au wok, ça ira très vite ! Si vous servez ce plat dans un réchaud, il est préférable de le manger dans la première heure, car la chaleur continuera de ramollir les légumes.

SAUTÉ DE HARICOTS VERTS À L'AIL

Les buffets ont toujours un plat ou deux de légumes verts sautés ! Nous vous proposons donc notre sauté de haricots verts à l'ail ! Si vous le faites dans un wok en acier au carbone culotté, vous obtiendrez la délicieuse saveur de wok hei typique des buffets ! C'est une belle manière d'avoir une atmosphère de buffet à la maison !

Rendement: 6 portions d'accompagnement
Préparation: 15 minutes
Cuisson: 15 minutes

SAUCE

½ tasse (125 ml) d'eau
1 c. à soupe de sauce soya claire
2 c. à thé de sauce aux huîtres
2 c. à thé de fécule de maïs
1 ½ c. à thé de sucre
1 c. à thé de sauce soya foncée

POUR LE SAUTÉ

1 ½ lb (680 g) de haricots verts équeutés
½ c. à thé de sel
1 petit oignon jaune (100 g) en julienne
1 petit poivron rouge (125 g) en julienne
8 gousses d'ail hachées
1 c. à soupe de gingembre haché
2 c. à soupe de sauce aux haricots noirs et à l'ail
Huile de canola (pour la cuisson des aliments)

1- Mélanger tous les ingrédients de la sauce et réserver.

2- Couper la queue des haricots verts et les mettre dans le wok. Couvrir d'eau et chauffer à feu fort pour amener à ébullition. Dès que l'eau commence à bouillir légèrement, baisser à feu moyen et laisser frémir 7 à 8 minutes. Égoutter les haricots et les faire sauter avec un peu d'huile dans le wok à feu fort pour 2 à 3 minutes. Les retirer dans un grand bol, mettre le sel (½ c. à thé) et bien remuer pour le répandre uniformément.

3- Remettre un peu d'huile dans le wok et toujours à feu fort, faire revenir les oignons environ 1 minute 30 secondes. Retirer dans le même bol que les haricots.

4- Faire sauter les poivrons rouges aussi à feu fort avec un peu d'huile pendant 1 à 2 minutes. Retirer avec les autres légumes.

5- Baisser à feu moyen et mettre un peu plus d'huile (environ 2 c. à soupe). Ajouter l'ail et le gingembre et faire revenir jusqu'à ce que ce soit grillé (30 à 60 secondes). Ajouter la sauce aux haricots noirs et à l'ail et continuer de cuire environ 30 secondes.

6- Verser la sauce dans le wok et l'amener à ébullition en remuant constamment. Lorsque la sauce est épaissie, fermer le feu. Remettre tous les légumes, bien mélanger, puis servir !

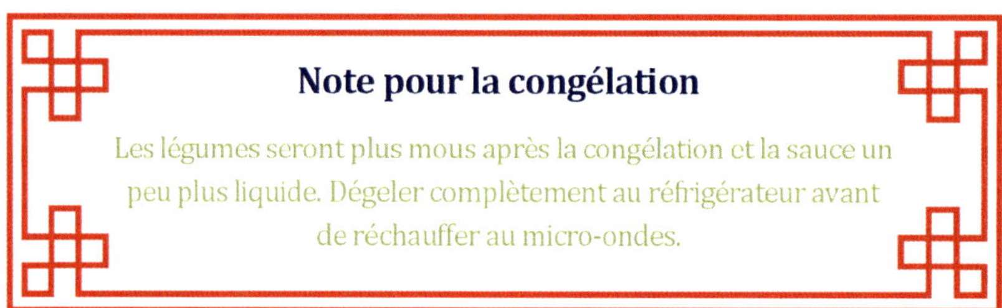

Note pour la congélation

Les légumes seront plus mous après la congélation et la sauce un peu plus liquide. Dégeler complètement au réfrigérateur avant de réchauffer au micro-ondes.

SAUTÉ DE CHOU-FLEUR ET FLEURS D'AIL À LA SICHUANAISE

Ce plat se retrouve plus souvent dans les buffets chinois qui offrent des mets un peu plus authentiques. Les fleurs d'ail sont généralement l'élément principal de cette recette, mais lors de mes tests, je suis tombée sous le charme du chou-fleur avec le goût de la sauce sichuanaise ! Ceux qui auront de la difficulté à trouver les fleurs d'ail, on se dit que d'utiliser des asperges et 2 gousses d'ail hachées de plus serait un bon remplacement ! - Christina

Rendement: 6 portions d'accompagnement
Préparation: 30 minutes
Cuisson: 10 minutes

SAUCE

⅓ tasse (85 ml) d'eau
3 c. à soupe de sauce soya claire
1 c. à soupe de cassonade dorée
2 ½ c. à thé de fécule de maïs
1 c. à thé de vinaigre noir
½ c. à thé de sauce soya foncée

AUTRES INGRÉDIENTS DU SAUTÉ

4 tasses (400 g) de chou-fleur en morceaux de 3-4 cm
¼ tasse (65 ml) d'eau
2 tasses (200 g) de fleurs d'ail en morceaux de 4-5 cm
1 boîte (230 g) de bébés maïs coupés une fois sur la largeur et une fois sur la longueur
3 tasses (225 g) de fèves germées
3 gousses d'ail hachées
2 c. à thé de gingembre haché
1 c. à soupe de sauce aux fèves et piment rouge (toban djan)
Huile de canola

1- Mélanger tous les ingrédients de la sauce et réserver.

2- Chauffer le wok à feu fort et mettre un peu d'huile. Ajouter le chou-fleur et faire revenir pendant 1 minute. Ajouter ¼ tasse (65 ml) d'eau et continuer de faire revenir pendant 3 minutes ou jusqu'à ce que l'eau se soit évaporée au complet. Retirer le chou-fleur dans un grand bol.

3- Remettre un peu d'huile dans le wok, et toujours à feu fort, sauter les fleurs d'ail pour 2 minutes ou jusqu'à ce qu'elles se soient attendries. Retirer avec le chou-fleur.

4- Ajouter un peu d'huile et faire sauter les bébés maïs pour environ 1 minute ou jusqu'à ce qu'ils soient légèrement grillés. Retirer avec les autres légumes.

5- Mettre à nouveau de l'huile, puis faire revenir les fèves germées pour 30 secondes. Retirer avec les autres légumes.

6- Baisser à feu moyen, mettre un peu d'huile (environ 1 c. à soupe) et faire revenir l'ail et le gingembre pour 15 à 30 secondes.

7- Ajouter la sauce aux fèves et piment rouge et faire revenir pour 1 minute. Ajouter un peu d'huile au besoin.

8- Ajouter la sauce au wok et l'amener à ébullition. Bien remuer jusqu'à ce que ça épaississe.

9- Une fois la sauce épaissie, remettre tous les légumes dans le wok et mélanger pendant 15 à 30 secondes. Éteindre le feu et servir !

Notes

Ce sauté est vraiment meilleur lorsqu'il est fraîchement cuit. L'idéal pour préparer ce plat en avance serait de couper tous les légumes la veille, puis de mélanger tous les ingrédients de la sauce dans un pot Masson. Il ne restera qu'une cuisson de 10 minutes le jour J pour assembler le tout !

Cette recette ne reste pas intacte très longtemps dans un réchaud. La chaleur continue fera ramollir les fèves germées et le plat deviendra assez liquide. Il faut essayer de ne pas dépasser 1 h dans le réchaud avant de servir le buffet. Le plat sera tout de même très bon, juste beaucoup moins esthétique.

SAUTÉ DE CHAMPIGNONS BLANCS

Dans tous les buffets chinois où je suis allée, il y avait toujours un plat de champignons sauté avec des morceaux de poivrons verts! C'est un classique très facile à reproduire à la maison en plus d'être économique! Ce plat sera une bonne addition à votre buffet maison si vous voulez offrir un peu plus de légumes!

Rendement: 8 portions d'accompagnement
Préparation: 20 minutes
Cuisson: 15 minutes

INGRÉDIENTS

½ oignon jaune (75 g) en morceaux de 2-3 cm
1 gros poivron vert (225 g) en morceaux de 2-3 cm
3 gousses d'ail hachées
½ c. à thé de gingembre haché
1 ½ lb (680 g) de petits champignons blancs
Huile de canola

SAUCE

½ tasse (125 ml) de bouillon de poulet
2 c. à soupe d'eau
2 c. à soupe de sauce aux huîtres
1 c. à soupe de sauce soya claire
1 c. à thé de sauce soya foncée
1 c. à thé de cassonade dorée
⅛ c. à thé de poivre blanc moulu
½ c. à thé d'huile de sésame (à ajouter à la fin)

POUR ÉPAISSIR

1 c. à soupe de fécule de maïs
1 c. à soupe d'eau

1- Mélanger tous les ingrédients de la sauce (sauf l'huile de sésame) et réserver

2- Dans un petit bol séparé, mélanger la fécule de maïs et l'eau, puis réserver.

3- Chauffer le wok à feu fort et mettre un peu d'huile. Ajouter les oignons jaunes et faire revenir pendant 1 minute 30 secondes, ou jusqu'à ce qu'ils soient bien grillés. Retirer ensuite dans un bol.

4- Remettre un peu d'huile et cuire les poivrons pour environ 2 à 3 minutes. Retirer ensuite avec les oignons.

5- Baisser à feu moyen et remettre un peu d'huile. Ajouter l'ail et le gingembre et faire revenir 15 à 30 secondes.

6- Ajouter les champignons et sauter pour environ 3 minutes. Ajouter un peu d'huile au besoin.

7- Incorporer la sauce et bouillir pendant 5 minutes en remuant de temps en temps. Si les champignons sont plus gros, il faudra peut-être augmenter le temps de cuisson, et par le fait même, ajouter un peu d'eau.

8- Lorsque les champignons sont bien cuits, ajouter le mélange de fécule de maïs. Remuer immédiatement et faire bouillir pour bien épaissir.

9- Éteindre le feu, remettre les oignons et poivrons, l'huile de sésame, puis bien mélanger. C'est prêt!

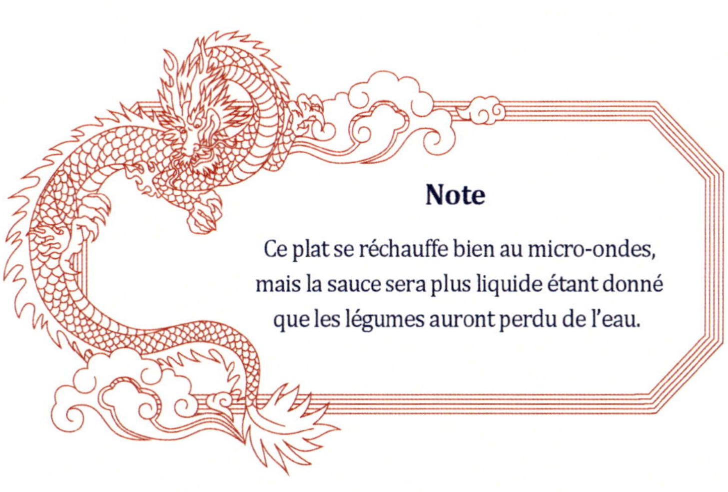

Note

Ce plat se réchauffe bien au micro-ondes, mais la sauce sera plus liquide étant donné que les légumes auront perdu de l'eau.

Plats principaux (poulet)

POULET FRIT À METTRE EN SAUCE

Le plus difficile lorsqu'on fait un poulet frit en sauce, c'est de garder une panure croustillante. Pourtant, dans les buffets chinois, le poulet général Tao est toujours bien croustillant, pourquoi ? Simplement parce que le poulet est frit à plusieurs reprises ! C'est aussi pourquoi la viande est souvent très dure, donc un mal pour un bien. Nous avons réussi à développer une recette de poulet frit qui restera bien juteux en bouche, sans perdre tout le croquant dans la sauce, le meilleur des 2 mondes ! Ce poulet frit n'est pas fait pour être mangé juste comme ça (même s'il est très bon), mais vous pourrez l'utiliser pour plusieurs recettes de ce livre comme ; le poulet général Tao, le poulet frit à l'orange, le poulet frit au citron et le poulet frit au miel.

Rendement: 4 portions
Préparation: 10 minutes
Marinade: 30 minutes
Cuisson: 30 minutes

MARINADE DU POULET

1 lb (454 g) de hauts de cuisses de poulet désossés
1 œuf
2 c. à soupe de sauce soya claire
2 c. à soupe de fécule de maïs
½ c. à thé de poudre de bouillon de poulet

PANURE LIQUIDE

¾ tasse (90 g) de fécule de maïs
½ tasse (70 g) de farine tout usage
½ c. à thé de bicarbonate de soude
½ c. à thé de poudre à pâte (levure chimique)
¼ c. à thé de sel
¾ tasse (185 ml) d'eau froide

AUTRES INGRÉDIENTS

¾ tasse (90 g) de fécule de maïs (pour enrober le poulet)
Huile de canola (pour la friture)

1- Couper le poulet en morceaux de grosseur d'une bouchée (2-3 cm), et mettre dans un bol. Ajouter tous les ingrédients de la marinade et mettre au frigo pour 30 minutes.

2- Dans un bol, mettre ¾ tasse (90 g) de fécule de maïs et réserver.

3- Dans un bol séparé, préparer la panure liquide en mélangeant d'abord les ingrédients secs, puis en ajoutant l'eau froide. Mélanger au fouet jusqu'à ce qu'il n'y ait plus de grumeaux et garder au réfrigérateur le temps que le poulet finisse de mariner.

4- Préchauffer l'huile de la friteuse à 350 °F (175 °C).

5- Tremper quelques morceaux de poulet mariné dans la fécule de maïs. Secouer légèrement pour enlever le surplus de fécule, puis tremper dans la panure liquide. À noter que vers la fin, il faudra peut-être ajouter un peu d'eau à la panure liquide si elle s'épaissit trop.

6- Abaisser le panier de la friteuse, de cette façon, le poulet touchera l'huile avant le panier et ça évitera que les morceaux de poulet collent trop au panier. Déposer quelques morceaux de poulet dans l'huile sans surcharger la friteuse, puis les décoller rapidement du panier. Cuire pendant 3 minutes, retirer sur un papier absorbant et laisser reposer 10 minutes.

7- Frire une deuxième fois pendant environ 2 minutes. Avec un temps de repos et une deuxième friture, on s'assure d'avoir une panure bien croustillante !

Note pour la congélation

Le poulet peut être réfrigéré ou congelé après la première friture de 3 minutes. Il pourra être frit à 350 °F (175 °C) pendant 2 minutes les jours suivants en le sortant du frigo, ou 3 minutes en sortant du congélateur. La panure sera très croustillante même si la deuxième friture se fait une autre journée ! Il est possible aussi de réchauffer au four à 425 °F (220 °C) pour 16 à 18 minutes, ou jusqu'à ce que le poulet redevienne croustillant.

Astuce

Il est plus facile de frire ce poulet dans une casserole d'huile avec un thermomètre. De cette manière, il n'y aura pas de panier pour que la panure s'y colle. .

POULET GÉNÉRAL TAO SUCRÉ

Lors de nos débuts avec Hop dans le wok, nous avions sorti une recette de poulet général Tao, mais une version plus « chinoise ». Cette dernière, moins sucrée et faite de vrais ingrédients chinois, est rapidement devenue très populaire, mais on ne peut pas dire que ce soit vraiment les saveurs qu'on retrouve dans un buffet chinois du Québec. Nous vous avons donc concocté une toute nouvelle recette de poulet général Tao plus sucré. Les ingrédients sont assez différents de la précédente et même la couleur est beaucoup plus rouge. Quy Tâm ne le dira jamais très fort, mais il est tombé en amour avec cette nouvelle version plus « américaine », haha ! - Christina

Rendement: 4 portions
Préparation du poulet frit (p . 75): 1 h 10 min
Préparation: 10 minutes
Cuisson: 5 minutes

POULET FRIT

1 x la recette du poulet frit à mettre en sauce (p. 75)

SAUCE

½ tasse (125 ml) de bouillon de poulet
½ tasse (110 g) de cassonade dorée
¼ tasse (65 ml) de ketchup
2 c. à soupe de sauce soya japonaise (la marque Kikkoman)
4 c. à thé de vinaigre blanc
1 c. à soupe de sauce aux huîtres
2 c. à thé de fécule de tapioca
1 c. à thé de sauce Worcestershire
¼ c. à thé d'huile de sésame
⅛ c. à thé de poivre blanc moulu

AUTRES INGRÉDIENTS

4 c. à thé d'huile de canola
2 gousses d'ail hachées
½ c. à thé de flocons de piment chili (facultatif)
Huile de canola

1- Préparer le poulet frit, il devra être chaud et croustillant au moment de commencer la cuisson au wok (voir la p. 75 pour la recette complète du poulet frit à mettre en sauce). Si vous avez préparé le poulet en avance (puis l'avez réfrigéré ou congelé), vous pouvez le frire à nouveau à 350 °F (175 °C) pendant 2 à 3 minutes. Vous pouvez aussi opter pour une cuisson au four à 425 °F (220 °C) pendant 16-18 minutes. Ajustez les temps de cuisson au besoin afin d'avoir une panure dorée et croustillante.

2- Dans un bol, mélanger tous les ingrédients de la sauce et réserver.

3- Chauffer le wok à feu moyen (250 °F/120 °C), ajouter l'huile de canola, l'ail et les flocons de piment chili, puis faire revenir 30 à 45 secondes.

4- Ajouter la sauce et amener à ébullition tout en remuant. Laisser bouillir pour 30 à 60 secondes afin de bien épaissir, puis fermer le feu. Ajouter le poulet frit et remuer jusqu'à ce que tous les morceaux soient recouverts de sauce.

5- Servir avec du riz !

Note pour la congélation

Il est préférable de réfrigérer ou congeler le poulet frit avant de le mélanger à la sauce. De cette façon, le poulet pourra être réchauffé séparément et retrouvera son côté croustillant (voir page du poulet frit à mettre en sauce pour connaitre la méthode pour le réchauffer). Une fois le poulet réchauffé, cuire la sauce au wok et ajouter le poulet comme indiqué dans les instructions de préparation.

POULET FRIT À L'ORANGE

Des saveurs fraîches et un côté croustillant très satisfaisant font du poulet frit à l'orange un plat gagnant et accessible à tous ! Même vos invités les plus difficiles en raffoleront, car le poulet est la protéine la plus populaire et l'orange est un fruit bien connu !

Rendement: 4 portions
Préparation du poulet frit (p .75): 1 h 10 min
Préparation: 15 minutes
Cuisson: 10 minutes

POULET FRIT

1 x la recette du poulet frit à mettre en sauce (p. 75)

SAUCE

¾ tasse (165 g) de sucre
½ tasse (125 ml) de jus d'orange
½ tasse (125 ml) d'eau
⅓ tasse (85 ml) de vinaigre blanc
3 c. à soupe de ketchup
2 c. à soupe de sauce soya claire
2 c. à soupe de fécule de maïs
½ c. à thé de poudre de bouillon de poulet
½ c. à thé d'huile de sésame
½ c. à thé de poudre de piment chili (facultatif)

AUTRES INGRÉDIENTS

Le zeste d'une demi-orange
3 gousses d'ail hachées
1 c. à soupe de gingembre haché
Huile de canola

1- Préparer le poulet frit, il devra être chaud et croustillant au moment de commencer la cuisson au wok (voir la p. 75 pour la recette complète du poulet frit à mettre en sauce). Si vous avez préparé le poulet en avance (puis l'avez réfrigéré ou congelé), vous pouvez le frire à 350 °F (175 °C) pendant 2 à 3 minutes. Vous pouvez aussi opter pour une cuisson au four à 425 °F (220 °C) pendant 16 à 18 minutes. Ajustez les temps de cuisson au besoin afin d'avoir une panure dorée et croustillante.

2- Dans un bol, mélanger tous les ingrédients de la sauce et réserver.

3- Une fois que tous les ingrédients sont préparés, chauffer le wok à feu moyen-élevé (250 °F/120 °C), mettre un peu d'huile, puis mettre le zeste d'orange, l'ail et le gingembre. Faire revenir environ 1 minute ou jusqu'à ce que l'ail commence à griller. Ajouter un peu d'huile si ça semble trop sec.

4- Ajouter la sauce et monter à feu très fort (400 °F/205 °C) pour amener à ébullition. Remuer constamment jusqu'à épaississement.

5- Ajouter ensuite le poulet frit et éteindre le feu. Remuer jusqu'à ce que les morceaux soient bien enrobés de sauce, puis servir.

Note

Ce plat peut être fait en avance, mais on ne doit pas mélanger la sauce au poulet si l'on veut que la panure reste croustillante. Ce que je vous suggère, c'est de préparer votre poulet frit et de le réfrigérer. Préparez également la sauce que vous pourrez garder dans un gros pot Masson au réfrigérateur. Coupez en avance le zeste d'orange, l'ail et le gingembre, gardez-les ensemble dans un petit contenant hermétique au frigo. Le jour J, il ne vous restera qu'à réchauffer le poulet, puis cuire le reste quelques minutes au wok avant d'assembler le plat !

POULET FRIT CHINOIS AU CITRON

Le poulet frit au citron est un grand classique qui a fait ses preuves maintes fois ! Une belle saveur d'agrume, avec un soupçon d'umami, ainsi qu'une belle panure croustillante en feront un plat bien aimé par votre famille et vos amis ! Il s'agit aussi d'une recette très facile à faire un soir de semaine ! Les ingrédients sont aussi très accessibles !

Rendement: 4 portions
Préparation du poulet frit (p. 75): 1 h 10 min
Préparation: 10 minutes
Cuisson: 5 minutes

POULET FRIT
1 x la recette du poulet frit à mettre en sauce (p. 75)

SAUCE
1 tasse (250 ml) de bouillon de poulet (style Knorr)
⅓ tasse (85 ml) de jus de citron frais
¼ tasse (55 g) de sucre
2 c. à soupe de miel
2 c. à soupe de vinaigre blanc
½ c. à thé d'huile de sésame

AUTRES INGRÉDIENTS
Zestes d'un demi-citron
Huile de canola

POUR ÉPAISSIR
1 c. à soupe de fécule de tapioca
2 c. à thé de poudre de crème anglaise (ou fécule de maïs)
3 c. à soupe d'eau

1- Préparer le poulet frit, il devra être chaud et croustillant au moment de commencer la cuisson au wok (voir la p. 75 pour la recette complète du poulet frit à mettre en sauce). Si vous avez préparé le poulet en avance (puis l'avez réfrigéré ou congelé), vous pouvez le frire à nouveau à 350 °F (175 °C) pendant 2 à 3 minutes. Vous pouvez aussi opter pour une cuisson au four à 425 °F (220 °C) pendant 16 à 18 minutes. Ajustez les temps de cuisson au besoin afin d'avoir une panure dorée et croustillante.

2- Dans un bol, mélanger tous les ingrédients de la sauce et réserver.

3- Dans un autre petit bol, mélanger la fécule de tapioca, la poudre de crème anglaise et l'eau, puis réserver.

4- Dans un wok, mettre un peu d'huile de canola, puis faire revenir les zestes de citron à feu moyen (250 °F/120 °C) pour 30 à 60 secondes. Lorsque les zestes commencent à griller légèrement, verser la sauce. Monter à feu moyen-élevé (300 °F/150 °C) pour amener à ébullition, et laisser bouillir 2 minutes en remuant de temps en temps.

5- Remuer le mélange de fécule et le verser dans le wok. Remuer constamment jusqu'à épaississement, puis éteindre le feu.

6- Ajouter les morceaux de poulet frit puis bien remuer pour les enrober de sauce. C'est prêt ! Servir avec du riz jasmin.

Note

Ce plat peut être fait en avance, mais on ne doit pas mélanger la sauce au poulet si l'on veut que la panure reste croustillante. Le mieux serait de préparer votre poulet frit la veille et de le réfrigérer. Préparez également la sauce que vous pourrez garder dans un gros pot Masson au réfrigérateur. Coupez en avance les zestes de citron et gardez les dans un petit contenant hermétique au frigo. Le jour J, il ne vous restera qu'à réchauffer le poulet, puis assembler le plat en suivant les instructions de la recette.

POULET FRIT CHINOIS AU MIEL

Lorsque Christina m'a proposé ce plat, j'étais sceptique, car je ne croyais pas qu'une recette avec si peu d'ingrédients pouvait être aussi goûteuse et agréable en bouche ! La sauce est incroyable et le croquant durera longtemps aussi ! Ne doutez plus et ne perdez pas de temps comme moi! Essayez ce plat ! - Quy Tâm

Rendement: 4 portions
Préparation du poulet frit (p. 75): 1 h 10 min
Préparation: 2 minutes
Cuisson: 3 minutes

POULET FRIT
1 x la recette du poulet frit à mettre en sauce (p. 75)

SAUCE AU MIEL
½ tasse (125 ml) de miel
3 c. à soupe de sirop de maïs
2 c. à soupe de sauce soya claire
1 c. à soupe de vin de cuisson Shaoxing
2 c. à thé de vinaigre blanc

1- Préparer le poulet frit, il devra être chaud et croustillant au moment de préparer la sauce (voir la p. 75 pour la recette complète du poulet frit à mettre en sauce). Si vous avez préparé le poulet en avance (puis l'avez réfrigéré ou congelé), vous pouvez le frire à nouveau à 350 °F (175 °C) pendant 2 à 3 minutes. Vous pouvez aussi opter pour une cuisson au four à 425 °F (220 °C) pendant 16 à 18 minutes. Ajustez les temps de cuisson au besoin afin d'avoir une panure dorée et croustillante.

2- Mélanger tous les ingrédients de la sauce dans une petite casserole et chauffer à feu moyen-élevé pour amener à ébullition. Laisser bouillir pendant 3 à 5 minutes pour que l'alcool s'évapore et pour que la sauce devienne un peu plus sirupeuse. Remuer de temps en temps durant le mijotage et ajuster la température au besoin pour éviter les débordements. Retirer du feu une fois le mijotage terminé.

3- Mettre le poulet frit dans un grand bol et y verser la sauce. Remuer avec 2 cuillères ou spatules de silicone jusqu'à ce que la sauce recouvre tous les morceaux de poulet.

4- C'est prêt ! Servir tel quel ou avec du riz jasmin.

Scanner pour voir la vidéo de la recette

À noter que la recette a été modifiée pour le livre. Il y aura des étapes de plus dans la vidéo pour la préparation du poulet, vous n'aurez pas à les faire si vous faites le poulet frit de la p. 75.

Note

Le poulet frit lui-même peut être congelé, mais la sauce et l'assemblage du plat doivent être faits la journée même. Si vous avez des restants, vous pourrez les réchauffer au micro-ondes. La panure ramollira, mais ce sera tout de même très bon.

POULET SOO GUY

Croustillant et ultra satisfaisant, le poulet Soo Guy est un grand classique qui n'a plus besoin de présentation ! Il est pourtant très facile à faire et plaira à toute la famille et les amis. Vous ne voudrez plus en acheter au restaurant après en avoir fait maison !

Rendement: 2 portions
Préparation: 10 minutes
Repos: 15 minutes
Cuisson: 15 minutes

PÂNURE

½ tasse + 2 c. à thé (75 g) de farine tout usage
⅓ tasse + 1 c. à soupe (50 g) de fécule de maïs
1 c. à soupe de poudre à pâte (levure chimique)
2 c. à thé de poudre de bouillon de poulet
1 pincée de poivre blanc
1 œuf
1 c. à thé d'huile de canola
100 ml d'eau très froide

AUTRES INGRÉDIENTS

2 poitrines de poulet désossées (environ 500 g)
Sel
Poivre noir
Laitue Iceberg coupée finement
Sauce rouge (p. 28)
Huile pour friture (canola)

1- Préparer la panure en mélangeant tous les ingrédients secs dans un bol. Ajouter ensuite l'œuf, l'huile et l'eau très froide. Très bien mélanger au fouet jusqu'à ce qu'il n'y ait plus de grumeaux, puis mettre au réfrigérateur pour 15 minutes.

2- Couper les poitrines de poulet en deux sur l'épaisseur. Donner des coups sur le poulet avec le côté plat d'un marteau à viande, on veut un morceau avec une épaisseur uniforme. Donner ensuite de très légers coups de couteau, avec le côté coupant de la lame, en faisant un quadrillage. On ne doit pas couper le poulet trop profond, mais juste faire des petites encoches des deux côtés.

3- Mettre une pincée de sel et de poivre noir sur chacune des poitrines, quantité au goût.

4- Chauffer l'huile dans une marmite ou dans un wok en métal, la température doit être autour de 350 °F (175 °C).

5- Sortir la panure du réfrigérateur et remuer un peu au fouet. Tremper généreusement 2 morceaux de poitrine de poulet dans la panure en les retournant 2-3 fois. Déposer délicatement le poulet dans l'huile, puis frire pour 8 minutes (4 minutes de chaque côté). Garder la panure au frigo durant la cuisson des premiers morceaux.

6- Lorsque le poulet est bien cuit, déposer sur un essuie-tout pour absorber l'huile. Couper ensuite le poulet en petites tranches de 2 cm, et servir sur un lit de laitue Iceberg avec de la sauce rouge en accompagnement.

Note 1

Si la panure ramollie après la friture, il est possible de la rendre croustillante à nouveau en réchauffant le poulet Soo Guy au four ou air fryer.

Au four : déposer le poulet Soo Guy sur une grille et chauffer à 425 °F (220 °C) pour 8-10 minutes.

Au air fryer : réchauffer à 400 °F (205 °C) pendant 4-5 minutes. À noter que le temps est légèrement variable d'une fois à l'autre, il faut surveiller de près.

Note 2

Le poulet Soo Guy peut se congeler, mais la viande sera un peu plus sèche. La panure pourrait aussi devenir plus fragile et se détacher du poulet au moment de le couper.

CHOW MEIN CANTONAIS

AU POULET ET CREVETTES

Rendement: 4-6 portions
Préparation: 15 minutes
Marinade: 1 heure
Cuisson: 15 minutes

Nous avons longtemps été confus par rapport au chow mein cantonais, car pour nous, un chow mein c'est avant tout des nouilles. Les garnitures qu'il y a dedans peuvent varier, mais « chow mein » veut carrément dire « nouilles sautées ». Au Québec, un chow mein cantonais est différent d'un chow mein ordinaire. C'est plutôt un sauté de légumes avec beaucoup de chou nappa, du brocoli, des carottes, puis aussi du poulet ou des crevettes comme protéines. Parfois, on sert ce plat tel quel sans les nouilles, d'autres fois on y mettra quelques nouilles frites en garniture. On le voit aussi servi sur un lit de nouilles chow mein cuites à l'eau, ou carrément sur un lit de nouilles frites (presque comme un nid d'oiseau). Bref, puisqu'on en voit de toutes les couleurs dans les restaurants, il était difficile pour nous de vous donner LA recette de vos souvenirs. Vous pourrez donc suivre notre recette et l'accompagner du type de nouilles de votre choix.

MARINADE DU POULET

1 grosse poitrine de poulet (300 g)
1 c. à thé de bicarbonate de soude
2 c. à thé de sauce soya claire
2 c. à thé de sauce aux huîtres
1 c. à thé de sucre

SAUCE

1 tasse (250 ml) de bouillon de poulet
3 c. à soupe de sauce aux huîtres
2 c. à soupe de sauce soya claire
2 c. à soupe de fécule de maïs
1 c. à thé de sucre
½ c. à thé de sauce soya foncée
1 c. à thé d'huile de sésame

AUTRES INGRÉDIENTS

15-20 crevettes (calibre 26-30) déveinées et décortiquées
3 gousses d'ail hachées
1 couronne de brocoli (250 g) en bouquets de 4-5 cm
2 c. à soupe d'eau
1 grosse carotte (150 g) coupée en biseau, tranches de 3 mm d'épaisseur
1 branche de céleri (60 g) coupée en biseau, tranches de 5 mm d'épaisseur
7-8 bébés maïs (115 g) coupés 1 fois sur la longueur et 1 fois sur la largeur
15-20 pois mange-tout
½ poivron rouge (90 g) en julienne
1 petit chou nappa (700 g) coupé en morceaux de 4 cm
Nouilles au choix (nouilles à chow mein (454 g), nouilles aux œufs fraîches (227g) ou nouilles frites de type Farkay)
Huile de canola

1- Couper le poulet en tranches de 5 mm d'épaisseur et le mélanger avec le bicarbonate de soude. Laisser reposer au réfrigérateur pendant 30 minutes, puis rincer sous l'eau du robinet. Bien égoutter, remettre le poulet dans un bol et ajouter la sauce soya claire, la sauce aux huîtres et le sucre. Bien mélanger et laisser mariner 30 minutes.

2- Mélanger tous les ingrédients de la sauce et réserver.

3- Préparer les nouilles : avec les **nouilles à chow mein**, bouillir selon les indications sur l'emballage. Égoutter puis sauter au wok avec un peu d'huile afin de développer une saveur de wok hei et créer quelques petits bouts un peu plus croustillants. Pour la version avec les **nouilles aux œufs fraîches**, il faut celles qui sont très fines. Il suffira de les frire dans la friteuse à 375 °F (190 °C) pendant 8-10 secondes. Attention, il ne faut pas les bouillir avant et il ne faut pas surcharger le panier de la friteuse, ça gonfle beaucoup ! Si vous optez pour les **nouilles frites de type Farkay**, il n'y a pas de préparation et vous pourrez en mettre la quantité de votre choix.

4- Chauffer le wok à feu moyen-élevé (350 °F/175 °C) et mettre un peu d'huile. Ajouter le poulet et l'étendre sur la surface du wok, puis le laisser saisir 1 minute. Une fois le dessous bien grillé, retourner le poulet et faire revenir jusqu'à ce qu'il ait perdu sa teinte rosée (environ 5 minutes). Retirer ensuite dans une assiette.

5- Remettre un peu d'huile et sauter les crevettes pendant 2 à 3 minutes. Retirer avec le poulet lorsqu'elles sont bien cuites.

6- Ajouter un peu d'huile et faire revenir l'ail 15 à 30 secondes. Lorsqu'il commence légèrement à griller, ajouter le brocoli et 2 c. à soupe d'eau. Remuer et cuire pendant 1 minute.

...suite à la page suivante

7- Ajouter les carottes, le céleri et les bébés maïs et continuer de faire revenir pour 2 à 3 minutes. Ajouter un peu d'huile au besoin.

8- Incorporer les poivrons et pois mange-tout, puis faire revenir pendant 1 minute.

9- Ajouter tout le chou nappa (oui, le wok sera très plein) et faire revenir pendant 2 minutes. Le chou perdra un peu de volume avec la cuisson.

10- Remuer la sauce et la verser sur les légumes. Continuer de remuer jusqu'à épaississement. Fermer le feu, remettre le poulet et les crevettes, puis remuer.

11- Mettre une portion de nouilles (au choix) dans l'assiette et servir une généreuse portion du chow mein cantonais sur le dessus de celle-ci. Le chow mein cantonais peut aussi être mangé sans les nouilles.

Note

La quantité de légumes est énorme et même avec un wok, il se peut que ce soit difficile de les brasser. Plus particulièrement dans les 30 premières secondes suivant l'ajout du chou nappa, avant que celui-ci commence à réduire de taille, il faut y aller doucement pour ne pas que ça tombe en dehors du wok. Je vous confirme que ça se fait, mais si vous préférez gérer des plus petites quantités, je vous suggère de cuire vos légumes en 2 fois avant de tout remettre ensemble.

BROCHETTES DE POULET THAÏ-TAO

On ne retrouve pas ces brochettes de poulet dans les buffets, mais comme on adore la sauce du général Tao et la sauce thaïe chili sucrée, on s'est dit que ce serait une belle combinaison à ajouter au menu ! Et qui n'aime pas les brochettes ? Personne ! Ce sont toujours de petites bouchées très populaires dans les buffets à la maison, un succès assuré auprès de vos invités !

Rendement: 18 brochettes
Préparation: 15 minutes
Marinade: 30 minutes
Cuisson: 15 minutes

MARINADE DU POULET

2 lb (908 g) de poitrines de poulet
2 c. à soupe de sauce soya claire
2 c. à soupe de sucre
⅛ c. à thé de poivre blanc moulu

SAUCE

1 ½ tasse (375 ml) de sauce thaï-tao (p. 30)

1- Couper les poitrines de poulet en cubes de 2-3 cm et les mettre dans un bol avec la sauce soya claire, le sucre et le poivre blanc. Bien mélanger et laisser mariner au réfrigérateur 30 minutes.

2- Préchauffer le four à 400 °F (205 °C).

3- Embrocher 3 ou 4 morceaux de viande sur des tiges de bambou de 6 po/15 cm. Les mettre ensuite sur une grille légèrement huilée, déposer celle-ci sur une plaque à biscuit. Cuire au four pour environ 15 à 17 minutes en tournant les brochettes dans les 5 dernières minutes.

4- Retirer du four lorsque le poulet aura perdu sa teinte rosée. Badigeonner généreusement les brochettes avec la moitié de la sauce thaï-tao. Le reste de la sauce sera servi dans un petit bol pour tremper le poulet au moment de manger.

Note pour la congélation

Congeler les brochettes crues en les étalant sur une plaque couverte d'un papier parchemin (essayer de les espacer les unes des autres). Une fois qu'elles sont gelées, les transférer dans un sac de congélation. Réchauffer au four à 400 °F (205 °C) pour 20 à 23 minutes sans les dégeler d'abord. La sauce peut être congelée séparément et réchauffée au micro-ondes.

LO MEIN AU POULET

Rendement: 6 portions
Préparation: 30 minutes
Marinade: 30 minutes
Cuisson: 15 minutes

Un lo mein c'est comme un chow mein, mais avec des nouilles plus épaisses et avec plus de sauce. C'est une recette qui est facilement modifiable selon les ingrédients que nous avons à la maison, ça en fait un bon plat « vide-frigo » ! En plus que ça se réchauffe très bien au micro-ondes, ça vous fera de superbes lunchs pour les jours suivants !

MARINADE DU POULET

1,5 lb (680 g) de poitrines de poulet
2 c. à thé de bicarbonate de soude
1 ½ c. à thé de sauce soya claire
1 ½ c. à thé de sucre
½ c. à thé d'huile de sésame

SAUCE

½ tasse (125 ml) de bouillon de poulet
⅓ tasse (85 ml) de sauce aux huîtres
2 c. à soupe (30 ml) de sauce soya claire
5 c. à thé de sauce soya foncée
1 ½ c. à thé de fécule de maïs
1 c. à soupe de sucre
2 c. à thé d'huile de sésame

AUTRES INGRÉDIENTS

1,3 lb (600 g) de nouilles Shanghai fraîches
6 gousses d'ail hachées
3 c. à soupe (30 g) de gingembre haché
3-4 bébés bok choys (350 g) - tiges coupées en 2-3 morceaux et feuilles séparées
1 grosse carotte (200 g) en julienne d'une épaisseur de 2 mm
1 oignon jaune (150 g) en julienne d'une épaisseur de 1 cm
2 oignons verts (30 g) en rondelles
Huile de canola

1- Couper les poitrines de poulet en tranches d'une épaisseur de 3-4 mm. Mettre dans un bol avec le bicarbonate de soude, bien mélanger et laisser reposer 30 minutes au réfrigérateur. Rincer ensuite sous l'eau froide pour enlever le bicarbonate, puis bien égoutter. Remettre le poulet dans le bol et ajouter la sauce soya claire, le sucre et l'huile de sésame. Laisser mariner le temps de préparer le reste de la recette.

2- Dans un bol, mélanger tous les ingrédients de la sauce, puis réserver.

3- Cuire les nouilles selon les indications du paquet (en évitant de trop les cuire). Égoutter et rincer sous l'eau froide pour arrêter la cuisson et mettre de côté.

4- Dans un wok à feu moyen (250 °F/120 °C), mettre un peu d'huile de canola et faire revenir l'ail et le gingembre pendant 30 à 60 secondes. Ajouter le poulet puis le mélanger rapidement pour répandre l'ail et le gingembre. Cuire le poulet complètement (5 à 7 minutes), puis retirer dans un bol.

5- Monter le feu à 350 °F (175 °C) et remettre un peu d'huile. Faire sauter les carottes, les oignons et les tiges de bok choy pour environ 3 à 4 minutes. Ajouter ensuite les feuilles de bok choy et les oignons verts, puis faire revenir pour 1 minute, ou jusqu'à ce que la texture des légumes soit à votre goût.

6- Baisser légèrement le feu (250 °F/120 °C) et ajouter les nouilles cuites et la sauce. Bien mélanger pendant 2-3 minutes pour qu'il n'y ait plus trop de sauce liquide au fond, puis ajouter le poulet. Bien mélanger, puis éteindre le feu, c'est prêt !

Scanner pour voir la vidéo de la recette

Note 1

On peut remplacer les nouilles Shanghai fraîches par 800 g de nouilles udon précuites emballées sous vide. Les nouilles udon doivent être bouillies environ 1 min 30 s (juste assez longtemps pour se détacher les unes des autres), puis égouttées et rincées sous l'eau froide.

Note 2 (congélation)

Les bok choys supportent un peu moins bien la congélation. Si c'est un plat que vous prévoyez congeler, vous pouvez substituer cet ingrédient par un autre légume qui se congèle bien (du brocoli par exemple).

POULET KUNG PAO

Rendement: 3 portions
Préparation: 35 minutes
Cuisson: 10 minutes

Si vous aimez les plats chinois aux saveurs plus authentiques, voici une recette pour vous! Son côté salé, vinaigré et piquant fait qu'on veut y retourner pour une bouchée encore et encore! C'est une recette très simple et rapide à faire, ce qui en fait un repas de soir de semaine idéal. Comme ça se réchauffe très bien au micro-ondes, ça fera une très bonne option de recette pour un buffet à la maison.

MARINADE DU POULET

1 lb (454 g) de hauts de cuisses de poulet désossés
1 c. à soupe de vin de cuisson Shaoxing
1 c. à thé de sucre
½ c. à thé de poudre d'oignon
½ c. à thé d'huile de sésame
⅛ c. à thé de poudre 5 épices chinoises
1 ½ c. à soupe de fécule de maïs
1 blanc d'œuf

SAUCE

¾ tasse + 1 c. à soupe (200 ml) d'eau
2 c. à soupe de cassonade
2 c. à soupe de vinaigre noir
1 c. à soupe de sauce soya claire
1 c. à thé de sauce hoisin
½ c. à thé de sauce soya foncée
1 c. à soupe de fécule de maïs

AUTRES INGRÉDIENTS

Huile de canola
1 ½ c. à soupe de sauce aux fèves et piment rouge (toban djan)
10 à 15 piments chili séchés
4 gousses d'ail hachées
2 c. à thé de gingembre haché
1 ½ c. à thé de poivre du Sichuan rouge moulu
3 oignons verts (45 g) coupés en tronçons de 2-3 cm
⅓ tasse (60 g) d'arachides grillées

1- Couper le poulet en morceaux de 2-3 cm et mélanger avec tous les ingrédients de la marinade. Mariner pour 30 minutes.

2- Couper les piments chili séchés en 2 et retirer les graines. Tremper les piments dans de l'eau chaude pour 15 à 20 minutes, puis les égoutter. Vous pouvez les laisser en gros morceaux pour pouvoir les retirer facilement, mais si vous voulez les manger, couper en plus petits morceaux d'environ 1 cm. Réserver.

3- Mélanger tous les ingrédients de la sauce et réserver.

4- Dans un wok à feu moyen-élevé (300 °F/150 °C), mettre un peu d'huile et étendre le poulet sur toute la surface. Saisir pour environ 1 minute pour bien griller le dessous, puis faire revenir pour environ 5 minutes pour le cuire complètement. Le retirer ensuite dans une assiette.

5- Réduire légèrement le feu (250 °F/120 °C), remettre un peu d'huile et faire revenir la sauce aux fèves et piment rouge (toban djan) pour 20 à 30 secondes.

6- Ajouter les piments séchés réhydratés, l'ail, le gingembre et le poivre du Sichuan moulu. Continuer de faire revenir 1 à 2 minutes en ajoutant de l'huile au besoin.

7- Remuer la sauce et la verser dans le wok. Amener à ébullition en remuant jusqu'à épaississement. Ajouter le poulet cuit, les oignons verts et les arachides, puis remuer 15 secondes avant de fermer le feu.

8- Servir avec du riz jasmin.

Notes

Le niveau de piquant peut varier grandement selon le choix de piment chili séché. Si vos piments sont extra-forts, vous pouvez diminuer la quantité à 5 ou même omettre cet ingrédient.

Vous pouvez faire cette recette avec de la poitrine de poulet au lieu des hauts de cuisses, il faudra juste s'assurer de ne pas trop cuire la viande pour qu'elle ne soit pas sèche.

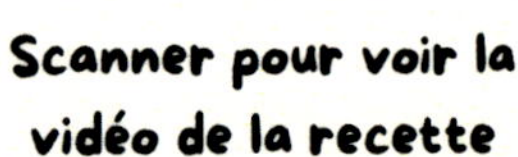

POULET SAUTÉ À L'ANANAS

Rendement: 4 portions
Préparation: 15 minutes
Marinade: 1 heure
Cuisson: 10 minutes

Le poulet à l'ananas est un bon sauté rapide et très goûteux ! Avec des ingrédients facilement accessibles, c'est une recette parfaite pour la semaine si l'on ne veut pas se casser la tête !

MARINADE DU POULET

1 lb (454 g) de poitrines de poulet
1 ½ c. à thé de bicarbonate de soude
1 c. à soupe de sauce aux huîtres
2 c. à thé de sauce soya claire
1 c. à thé de sucre

SAUCE

½ tasse (70 g) de morceaux d'ananas
¼ tasse (65 ml) d'eau
½ tasse (125 ml) de bouillon de poulet
¼ tasse (65 ml) de vinaigre blanc
¼ tasse (55 g) de sucre
2 c. à soupe de sauce aux huîtres
2 c. à soupe de sauce soya claire
1 ½ c. à thé de sauce soya foncée
2 c. à thé de sambal oelek
1 c. à thé de vin de cuisson Shaoxing

POUR ÉPAISSIR LA SAUCE

1 ½ c. à soupe de fécule de maïs
1 ½ c. à soupe d'eau

AUTRES INGRÉDIENTS

2 gousses d'ail hachées
1 c. à thé de gingembre haché
1 tasse (140 g) d'ananas en morceaux de 2-3 cm
1 poivron rouge (180 g) en julienne
20-25 pois mange-tout
7-8 bébés maïs (115 g) coupés en 2 sur la longueur et sur la largeur
½ tasse (70 g) de noix de cajou rôties et non salées

1- Couper le poulet en tranches de 5 mm d'épaisseur et les mélanger au bicarbonate de soude. Laisser reposer 30 minutes au réfrigérateur, puis rincer sous l'eau. Bien égoutter et ajouter la sauce aux huîtres, la sauce soya et le sucre. Laisser mariner 30 minutes.

2- Préparer la sauce en broyant l'ananas et l'eau au pied mélangeur. Ajouter ensuite tous les autres ingrédients de la sauce, remuer et réserver.

3- Dans un petit bol séparé, mélanger la fécule de maïs et l'eau, réserver.

4- Chauffer le wok à feu élevé (350 °F-175 °C) et mettre un peu d'huile de canola. Ajouter le poulet et l'étaler au fond, laisser saisir 1 minute sans le retourner. Remuer ensuite et cuire jusqu'à ce qu'il ait perdu sa teinte rosée (environ 5 minutes de cuisson au total). Une fois que le poulet est cuit, le retirer dans une assiette.

5- Remettre un peu d'huile et faire revenir l'ail et le gingembre pour 15 secondes. Ajouter ensuite l'ananas, le poivron, les pois mange-tout et les bébés maïs et faire revenir pour environ 2 minutes. Ajuster les temps de cuisson au besoin pour obtenir la texture désirée.

6- Incorporer la sauce et amener à ébullition. Une fois que ça bout, incorporer le mélange de fécule de maïs et bien remuer jusqu'à épaississement.

7- Éteindre le feu, remettre le poulet et ajouter les noix de cajou. Bien remuer pour répartir la sauce et servir avec du riz jasmin !

Scanner pour voir la vidéo de la recette

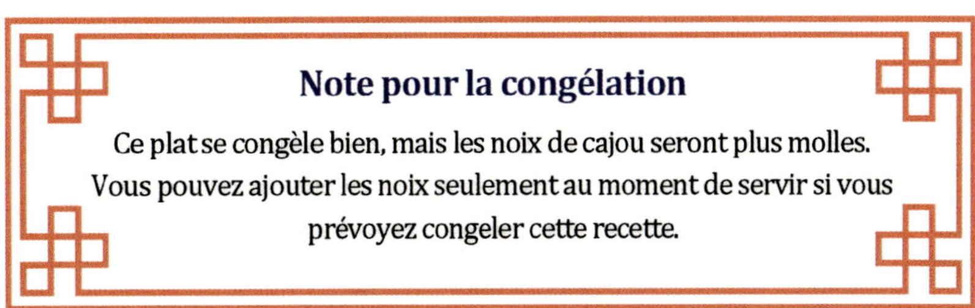

Note pour la congélation

Ce plat se congèle bien, mais les noix de cajou seront plus molles. Vous pouvez ajouter les noix seulement au moment de servir si vous prévoyez congeler cette recette.

POULET MIEL ET AIL

Le poulet miel et ail est un plat assez populaire au Québec ! Il n'y en a pas nécessairement dans les buffets à volonté, mais selon nous, c'est un ajout vraiment très intéressant pour un buffet à la maison ou pour un petit plat de soir de semaine ! Le goût du miel et de l'ail grillé sont très présents, vous entendrez des « MMMmmm ! » à la table tout au long du repas, promis !

Rendement: 6 portions
Préparation: 20 minutes
Cuisson: 25 minutes

INGRÉDIENTS

2.2 lb (1 kg) de hauts de cuisses de poulet désossés
1 c. à soupe d'huile de canola
8 gousses d'ail hachées
1 ½ tasse (375 ml) de bouillon de poulet (de type Knorr)
⅓ tasse (85 ml) de miel
3 c. à soupe de cassonade dorée
3 c. à soupe de sauce soya claire
1 c. à soupe de poudre d'ail
2 c. à thé de sauce soya foncée
4 c. à thé de fécule de maïs
4 c. à thé d'eau

AIL GRILLÉ (GARNITURE SÉPARÉE)

8-10 gousses d'ail hachées
3 c. à soupe d'huile de canola

1- Couper les hauts de cuisses de poulet désossés en 3 ou 4 morceaux et réserver.

2- Chauffer une casserole (d'au moins 4 litres) à feu moyen-élevé, puis mettre l'huile et l'ail. Faire revenir jusqu'à ce que l'ail soit bien grillé.

3- Ajouter le bouillon de poulet, le miel, la cassonade dorée, la sauce soya claire, la poudre d'ail et la sauce soya foncée. Bien mélanger et incorporer les morceaux de poulet. Monter le feu pour amener à ébullition, puis une fois que ça bout, réduire à feu doux-moyen et couvrir. Laisser mijoter pendant 10 minutes en remuant de temps en temps.

4- Retirer le couvercle et monter à feu moyen-élevé. Continuer le mijoter pendant 10 minutes afin de réduire la sauce.

5- Pendant la cuisson du poulet, préparer l'ail grillé en mettant l'ail et l'huile dans une poêle. Chauffer à feu moyen-élevé et frire pour 3 à 5 minutes en remuant de temps en temps. Passer ensuite le tout au tamis pour séparer l'ail de l'huile, puis réserver.

6- Dans un petit bol séparé, mélanger la fécule de maïs et l'eau. Lorsque le poulet aura fini de mijoter, verser le mélange de fécule dans la casserole et remuer. Laisser bouillir 30 secondes pour bien épaissir le mélange, puis éteindre le feu.

7- Servir le poulet avec du riz jasmin et le parsemer d'ail frit !

RIZ FRIT AU POULET YAKITORI

Rendement: 4-5 portions
Préparation: 30 minutes
Marinade: 4 heures
Cuisson: 10 minutes

Nous avons souvent fait des tests sur notre chaîne YouTube pour goûter des plats asiatiques vendus dans les épiceries, pour ensuite donner nos impressions sur ceux-ci. C'est de là que nous est venue l'idée de créer notre propre version de ce riz frit ! On aime les plats goûteux et bien garnis, vous ne serez absolument pas déçus avec cette recette ! Ce n'est pas quelque chose qu'on retrouve dans les buffets chinois québécois, mais on est convaincu que ça serait un superbe ajout à votre buffet maison. Ce riz peut très facilement se faire en avance et se réchauffer au micro-ondes. Vos invités vont l'adorer !

MARINADE DU POULET

1 lb (454 g) de poitrines de poulet coupées en cubes de 1,5 cm
2 c. à soupe de sauce soya japonaise (la marque Kikkoman)
2 c. à soupe de sucre
1 c. à soupe de saké
2 c. à thé de mirin

RIZ

1 ½ tasse (300 g) de riz jasmin non cuit
1 ¾ tasse + 2 c. à soupe (450 ml) d'eau

SAUCE D'ASSAISONNEMENT

3 c. à soupe de sauce soya japonaise (la marque Kikkoman)
1 c. à soupe de saké
2 c. à thé de sucre
¼ c. à thé d'huile de sésame

AUTRES INGRÉDIENTS

⅓ tasse (50 g) de maïs en grain
3 gousses d'ail hachées
2 c. à thé de gingembre haché
1 carotte (65 g) en julienne de 3-4 mm d'épaisseur
1-2 carottes nantaises jaunes (45 g) en julienne de 3-4 mm d'épaisseur
¼ tasse (35 g) d'édamames pelées surgelés
3 c. à soupe (25 g) de petits pois surgelés
¼ de poivron rouge (45 g) en julienne
1-2 oignons verts (20 g) en rondelles
Sel au goût
Huile de canola

1- Mélanger le poulet à tous les ingrédients de la marinade et laisser mariner 4 heures au réfrigérateur.

2- Rincer le riz jasmin 3 ou 4 fois et l'égoutter. Le mettre dans le cuiseur à riz, ajouter l'eau et mettre la machine en marche. Une fois cuit, ouvrir le couvercle et remuer le riz, puis refermer le couvercle pour le laisser reposer minimum 10 minutes. Étendre ensuite le riz sur une grande plaque à biscuit pour le laisser refroidir. Une fois arrivée à température ambiante, mettre la plaque au réfrigérateur pour 1 heure. Transférer ensuite le riz dans un grand contenant hermétique sans le compresser. Garder au réfrigérateur le temps que le poulet finisse de mariner. **Note :** Pour cette recette, on peut aussi utiliser du riz cuit la veille, il faudra 6 tasses de riz cuit au total.

3- Mélanger tous les ingrédients de la sauce d'assaisonnement dans un petit bol et réserver.

4- Mettre les édamames dans un bol allant au micro-ondes et ajouter un peu d'eau (environ 2 c. à soupe). Couvrir d'une pellicule de plastique en laissant une petite fente, puis chauffer au micro-ondes pendant 1 minute à puissance maximale.

5- Ajouter toutes les carottes aux édamames. Remuer un peu, couvrir à nouveau, et continuer la cuisson au micro-ondes pendant 2 minutes. Sortir, égoutter, puis réserver.

6- Égoutter le poulet mariné, il ne faut pas garder la marinade à la cuisson, car ça sera trop salé.

7- Chauffer le wok (idéalement celui en acier carbone) à feu vif. Une fois qu'on voit de la fumée, mettre un peu d'huile de canola pour couvrir le fond et laisser chauffer 5 secondes. Ajouter le poulet et s'assurer que chaque morceau touche le fond du wok. Saisir environ 30 secondes avant de le remuer. Cuire complètement (environ 5 minutes), puis retirer dans une assiette. **Note importante :** En utilisant un wok électrique ou autre outil de cuisine avec un revêtement antiadhésif, il faut mettre l'huile dès le début et faire une cuisson à feu moyen-élevé.

Scanner pour voir la vidéo de la recette

...suite à la page suivante

suite:

8- Attendre que le wok chauffe à nouveau et mettre un peu d'huile. Ajouter les grains de maïs et les griller pendant 1 minute.

9- Remettre un peu d'huile et ajouter l'ail et le gingembre. Cuire 15 à 30 secondes.

10- Ajouter les edamames et les carottes. Continuer la cuisson pendant 1 minute en ajoutant de l'huile au besoin.

11- Ajouter le poivron et les petits pois congelés et cuire pendant 30 secondes.

12- Incorporer le riz et mélanger à tous les ingrédients dans le wok. Une fois que tout est assez bien réparti, verser la sauce d'assaisonnement sur le riz. Remuer rapidement en continuant la cuisson pour 1 à 2 minutes.

13- Ajouter le poulet cuit et les oignons verts et remuer pendant 30 secondes.

14- Éteindre le feu et ajouter du sel au goût puis servir.

Plats principaux (porc et bœuf)

PORC SAUCE AIGRE-DOUCE

Rendement: 5 portions
Préparation: 15 minutes
Marinade: 30 minutes
Cuisson: 30 minutes

Je me rappellerai toujours de la première fois que j'ai goûté au porc sauce aigre-douce dans un buffet. Ce fut le grand amour dès la première bouchée ! Il y a quelque chose de très réconfortant et satisfaisant lorsqu'on savoure une bouchée frite avec une petite sauce sucrée et un peu acide ! C'était aussi l'un des plats qui pouvait me faire manger des légumes, comme des poivrons, car les saveurs et textures étaient bien équilibrées avec la sauce ! Nous avons donc recréé une recette qui touche tous ces aspects et nous espérons qu'elle vous plaira autant qu'à nous ! - Quy Tâm

PORC PANÉ

1.1 lb (500 g) de filet de porc coupé en cubes de 2-3 cm
1 œuf large
¼ tasse (30 g) de fécule de maïs
2 c. à thé de sauce soya claire
2 c. à thé de vin de cuisson Shaoxing
¾ c. à thé de bicarbonate de soude
½ c. à thé de poudre d'oignon
¼ c. à thé de sel
¾ tasse (105 g) de farine tout usage (pour enrober les morceaux)
Huile de canola (pour la friture)

SAUCE

¾ tasse (185 ml) d'eau
½ tasse (110 g) de sucre
⅓ tasse + 1 c. à soupe (100 ml) de vinaigre blanc
¼ tasse (65 ml) de ketchup
2 c. à soupe de sauce soya claire
2 c. à soupe de sauce aux huîtres
1 c. à thé de poudre de betterave
½ c. à thé de poudre d'ail

POUR ÉPAISSIR LA SAUCE

2 c. à soupe de fécule de maïs
2 c. à soupe d'eau

AUTRES INGRÉDIENTS

3 gousses d'ail hachées
15 morceaux d'ananas (200 g) de 2-3 cm
½ poivron vert (100 g) en morceaux de 2-3 cm
½ poivron rouge (100 g) en morceaux de 2-3 cm
½ oignon jaune (75 g) en morceaux de 2-3 cm

1- Mélanger tous les ingrédients pour le porc pané, sauf la farine tout usage et laisser mariner 30 minutes.

2- Combiner tous les ingrédients de la sauce dans un bol, remuer jusqu'à ce que le sucre soit dissout et réserver.

3- Dans un petit bol séparé, mélanger la fécule de maïs et l'eau, puis réserver.

4- Préchauffer l'huile de la friteuse à 340 °F (170 °C).

5- Mettre la farine tout usage dans un bol et rouler les morceaux de porc dedans. Presser légèrement les morceaux entre les mains, les secouer un peu pour enlever le surplus de farine, puis les déposer dans la friteuse. Cuire environ 2 minutes, puis retirer sur un papier absorbant. Laisser reposer 10 minutes.

6- Monter la température de l'huile à 375 °F (190 °C). Frire le porc une deuxième fois pour 2 minutes, puis le retirer sur un papier absorbant.

7- Dans un wok à feu moyen-élevé (300 °F/150 °C), mettre un peu d'huile et faire revenir l'ail 15 secondes. Ajouter les ananas, les poivrons et les oignons et faire revenir environ 3 minutes.

8- Ajouter la sauce et amener à ébullition. Laisser mijoter pour 2 à 3 minutes à 300 °F (150 °C), ou jusqu'à ce que les légumes soient tendres à votre goût.

9- Ajouter le mélange de fécule de maïs et remuer jusqu'à épaississement.

10- Éteindre le feu, ajouter le porc pané et bien remuer pour que la sauce enrobe bien chaque morceau. Servir avec du riz jasmin.

Scanner pour voir la vidéo de la recette

Note pour la congélation

Le porc peut être congelé après la première friture, il faudra le garder séparé de la sauce. Il pourra être réchauffé au four à 425 °F (220 °C) pour environ 16-18 minutes, sans le dégeler d'abord. On peut aussi frire le porc directement pour le réchauffer, dans la friteuse à 375 °F (190 °C) pendant 3 à 4 minutes, ou jusqu'à ce que la panure soit croustillante et dorée. Assembler le reste de la recette au wok, comme mentionné dans les étapes de préparation.

MACARONI CHINOIS

Les macaronis chinois dans les buffets n'ont rien d'exceptionnel, la plupart du temps ils sont fades et très peu garnis. Mais pour une raison que j'ignore, je ne peux m'empêcher d'en prendre à toutes les fois, haha ! Lors d'un souper au restaurant, j'ai convaincu Quy Tâm d'y goûter parce que j'espérais qu'on en fasse pour notre chaîne YouTube. À sa première bouchée, il me dit : « ah non tu veux pas vraiment faire ça ? C'est tellement ordinaire ! » Heureusement, j'ai fait ma tête dure, je lui ai fait une recette « deluxe », il a adoré et c'est maintenant la recette la plus populaire sur Hop dans le wok ! - Christina

Rendement: 6 portions
Préparation: 20 minutes
Marinade: 10 minutes
Cuisson: 15 minutes

MARINADE DU PORC

1 lb (454 g) de porc haché mi-maigre
¼ tasse (65 ml) d'huile de canola
3 c. à soupe de sauce soya claire
2 ½ c. à soupe de cassonade dorée
2 c. à thé de fécule de maïs

AUTRES INGRÉDIENTS

3 c. à soupe de sauce soya claire
2 c. à soupe de cassonade dorée
4 c. à thé de sauce soya foncée
½ c. à thé d'huile de sésame
3 tasses (375 g) de macaroni non cuit
5 tasses (350 g) de brocoli en petits bouquets et les tiges en tranches minces (garder séparés)
1 oignon jaune (125 g) en julienne
2 gousses d'ail hachées
¾ tasse (75 g) de carotte râpée
Huile de canola

1- Mélanger le porc haché avec les ingrédients de la marinade, et mariner minimum 10 minutes.

2- Dans un petit bol, mélanger la sauce soya claire, la cassonade, la sauce soya foncée et l'huile de sésame. Remuer jusqu'à ce que la cassonade soit dissoute, puis réserver.

3- Cuire les macaronis en suivant les instructions sur l'emballage afin d'obtenir une cuisson « al dente ». Une fois cuits, les égoutter dans une passoire, puis réserver. Vous n'aurez pas besoin de les rincer sous l'eau froide.

4- Dans un wok à feu vif (400 °F/205 °C), cuire le porc en le brisant en petits morceaux. Il ne sera pas nécessaire d'ajouter de l'huile. Faire revenir pendant 8 à 9 minutes, puis retirer dans un bol. **Note :** La viande sera cuite au bout de 3 à 4 minutes, mais on continue la cuisson pour bien faire caraméliser et griller les morceaux de viande. Il y aura ainsi beaucoup plus de saveurs au plat.

5- Baisser légèrement la température du feu (350 °F/175 °C) et ajouter un peu d'huile. Mettre les tiges de brocoli, les oignons et l'ail, puis faire revenir pendant 2 minutes en remuant continuellement. Ajouter de l'huile si ça semble sec.

6- Ajouter les bouquets de brocoli et les carottes, continuer de faire revenir pendant 1 minute 30 secondes. Ajouter un peu d'huile au besoin.

7- Ajouter la viande cuite aux légumes et continuer la cuisson pour 1 minute, toujours en remuant.

8- Réduire à feu moyen (250 °F/120 °C), puis mettre les nouilles et les assaisonnements. Bien mélanger le tout et continuer de faire revenir les nouilles pour 2 minutes. Fermer le feu et servir !

Scanner pour voir la vidéo de la recette

CÔTES LEVÉES À LA SAUCE SUCRÉE

Les côtes levées des buffets m'ont toujours beaucoup déçu. Elles sont souvent dures, trop cuites et pas assez goûteuses. Avec le talent de Christina et notre chaîne YouTube qui avançait bien, on s'était dit qu'on avait le potentiel de faire mieux et effectivement, le résultat final parle de lui-même ! Il vous sera impossible d'en manger juste une ! Préparez-vous à faire la recette très souvent, car elle sera en grande demande, promis ! - Quy Tâm

Rendement: 8 portions
Préparation: 5 minutes
Cuisson: 1 heure 5 minutes

INGRÉDIENTS

2 tasses (500 ml) d'eau
1 ¼ tasse compacte (275 g) de cassonade dorée
1 tasse (250 ml) de Pepsi ou Coca-Cola
½ tasse (125 ml) de sauce soya claire
2 c. à soupe de miel
1 c. à soupe de sauce soya foncée
4 gousses d'ail hachées finement
4 lb (1,8 kg) de côtes levées de dos de porc

POUR ÉPAISSIR

2 c. à soupe de fécule de maïs
2 c. à soupe d'eau

1- Dans une cocotte, mettre l'eau, la cassonade, le Pepsi, la sauce soya claire, le miel, la sauce soya foncée et l'ail. Remuer et chauffer à feu moyen-élevé.

2- Pendant que le mélange se réchauffe, couper les côtes pour faire des portions individuelles en tranchant entre chaque os. Mettre les côtes dans un grand bol et rincer 1 ou 2 fois sous l'eau. Égoutter et mettre les côtes dans le bouillon, amener à ébullition.

3- Une fois que ça bout, réduire à feu doux-moyen et couvrir. Laisser mijoter à petite ébullition pour 45 minutes.

4- Enlever le couvercle et monter à feu moyen-élevé. Bouillir et faire réduire pour environ 20 minutes.

5- Dans un petit bol, mélanger la fécule et l'eau. Ajouter le mélange au bouillon tout en remuant jusqu'à épaississement. Retirer du feu et laisser reposer 15 à 30 minutes avant de servir (le repos va laisser le temps aux côtes levées de se raffermir un peu).

Note 1

Si vous le voulez, vous pouvez retirer le tissu conjonctif (la membrane) avant de couper les côtes, mais ce n'est pas nécessaire de le faire.

Note 2

Si vous faites une demi-recette, il faudra ajuster les temps de cuisson lors de la réduction, ça ira beaucoup plus vite qu'avec les dosages de base. Ajouter de l'eau en cours de route si la sauce est trop condensée avant que la viande soit devenue tendre.

CÔTES LEVÉES À LA SAUCE BRUNE (SALÉE)

Notre recette de côtes levées à la sauce sucrée a connu un succès fou et l'on se demandait si l'on allait réussir à reproduire une nouvelle recette aussi grandiose. Je vous le confirme, nos côtes levées à la sauce brune sont tout aussi mémorables ! Impossible pour nous de vous dire laquelle des deux recettes on préfère, les deux sont tellement bonnes ! - Quy Tâm

Rendement: 8 portions
Préparation: 5 minutes
Cuisson: 1 heure 15 minutes

INGRÉDIENTS

4 lb (1,8 kg) de côtes levées de dos de porc
1 c. à soupe d'huile de canola
½ oignon jaune (75 g) haché
4 gousses d'ail hachées
3 tasses (750 ml) d'eau
2 tasses (500 ml) de bouillon de bœuf
3 c. à soupe de sauce aux huîtres
3 c. à soupe de sauce soya claire
2 c. à soupe de cassonade dorée
4 c. à thé de sauce soya foncée
2 c. à thé de sauce Worcestershire
1 grosse feuille de laurier
1 c. à thé de poivre noir moulu (à mettre à la fin du mijotage)

POUR ÉPAISSIR

¼ tasse compacte (37 g) de fécule de maïs
½ tasse (125 ml) d'eau

1- Couper les côtes pour faire des portions individuelles en coupant entre chaque os. Les mettre dans un grand bol et rincer 1 ou 2 fois sous l'eau. Égoutter et réserver.

2- Chauffer une cocotte (ou marmite de 5 litres) à feu moyen et mettre 1 c. à soupe d'huile de canola. Ajouter l'oignon et l'ail et faire revenir jusqu'à ce que l'oignon devienne un peu translucide et l'ail légèrement grillé (environ 2 à 3 minutes).

3- Ajouter les côtes de porc, l'eau, le bouillon de bœuf, la sauce aux huîtres, la sauce soya claire, la cassonade dorée, la sauce soya foncée, la sauce Worcestershire et la feuille de laurier. Chauffer à feu fort pour amener à ébullition, et dès que ça bout, réduire à feu doux-moyen et mettre le couvercle. Laisser mijoter pendant 45 minutes.

4- Retirer le couvercle et monter à feu moyen-élevé, puis laisser la sauce réduire pendant 30 minutes. Remuer doucement de temps en temps et ajuster la température au besoin pour ne pas brûler les côtes levées.

5- Une fois les 30 minutes écoulées, mettre le poivre noir et remuer légèrement pour le mélanger à la sauce.

6- Dans un petit bol séparé, mélanger la fécule de maïs et l'eau. L'ajouter ensuite à la sauce et faire bouillir 1 ou 2 minutes pour bien épaissir. Retirer du feu et goûter la sauce. Si elle est trop épaisse et salée, simplement ajouter un peu d'eau pour la diluer. Si elle est trop liquide et fade, remettre sur le feu et continuer de bouillir pour réduire la sauce.

7- Servir ! La sauce est particulièrement délicieuse avec du riz jasmin blanc !

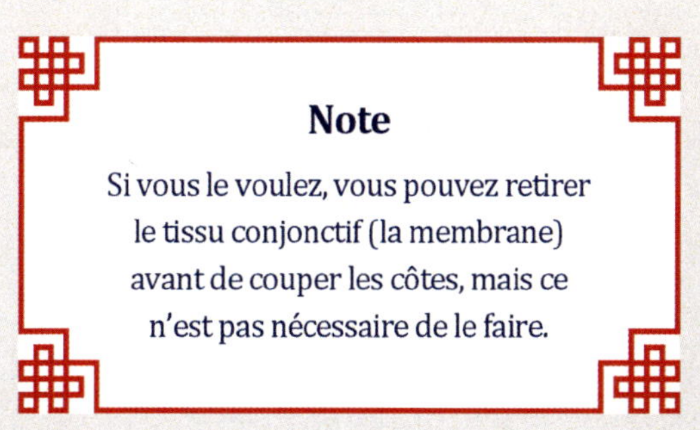

Note

Si vous le voulez, vous pouvez retirer le tissu conjonctif (la membrane) avant de couper les côtes, mais ce n'est pas nécessaire de le faire.

CÔTES LEVÉES BBQ CHINOISES

Si vous aimez le porc char siu, vous aimerez beaucoup cette recette de côtes levées ! Elles se dégustent facilement avec les doigts, ça en fait des petites bouchées parfaites pour un buffet à la maison ! Comme il n'y a pas de sauce, ça permet d'en mettre quelques morceaux dans notre assiette sans affecter la saveur ou la texture des autres aliments.

Rendement: 8 portions
Préparation: 15 minutes
Marinade: 4 heures
Cuisson: 1 heure 35 minutes

MARINADE DES CÔTES LEVÉES

4 lb (1,8 kg) de côtes levées de dos de porc
3 c. à soupe de cassonade dorée
3 c. à soupe de ketchup
2 c. à soupe de sauce hoisin
1 c. à soupe de sauce aux huîtres
2 c. à thé de vin de cuisson Shaoxing
2 c. à thé de sauce soya claire
1 c. à thé de poudre d'oignon
1 c. à thé de poudre d'ail
1 c. à thé de poudre de piment chili
1 c. à thé de sel
1 c. à thé de poudre de betterave (facultatif)
½ c. à thé de poudre 5 épices chinoises
¼ c. à thé de poivre blanc moulu
10 gouttes de colorant rouge (facultatif)

POUR LE LAQUE

2 à 3 c. à soupe de miel (+ 3 gouttes de colorant rouge, facultatif)

1- Couper les côtes pour faire des portions individuelles en coupant entre chaque os, puis les mettre dans un grand bol. Ajouter tous les ingrédients de la marinade, bien mélanger, et laisser mariner 4 heures.

2- Préchauffer le four à 350 °F (175 °C) avec la grille au centre. Tapisser une grande plaque avec du papier d'aluminium (ou tapis de cuisson réutilisable), puis étaler les côtes sur toute la surface. Couvrir les côtes d'un papier d'aluminium et mettre au four pendant 1 h 30.

3- Retirer l'aluminium et badigeonner le miel sur tous les morceaux de porc. Remettre les côtes au four en mode « broil » et cuire pour 4 à 5 minutes, ou jusqu'à ce que ce soit grillé à votre goût. Attention, il faut rester près du four et surveiller, ça peut noircir vite !

4- Laisser refroidir 2 à 3 minutes et déguster !

Note 1

Si vous le voulez, vous pouvez retirer le tissu conjonctif (la membrane) avant de couper les côtes, mais ce n'est pas nécessaire de le faire.

Note 2 (congélation)

On peut toujours faire la recette en entier et congeler les côtes après cuisson. Par contre, la viande sera un peu plus dure. Vous pouvez aussi congeler les côtes levées dans leur marinade, il ne restera qu'à les faire dégeler avant de les cuire au four. Il faudra juste s'assurer d'avoir 4 heures de marinade avant ou après congélation pour que la viande soit goûteuse.

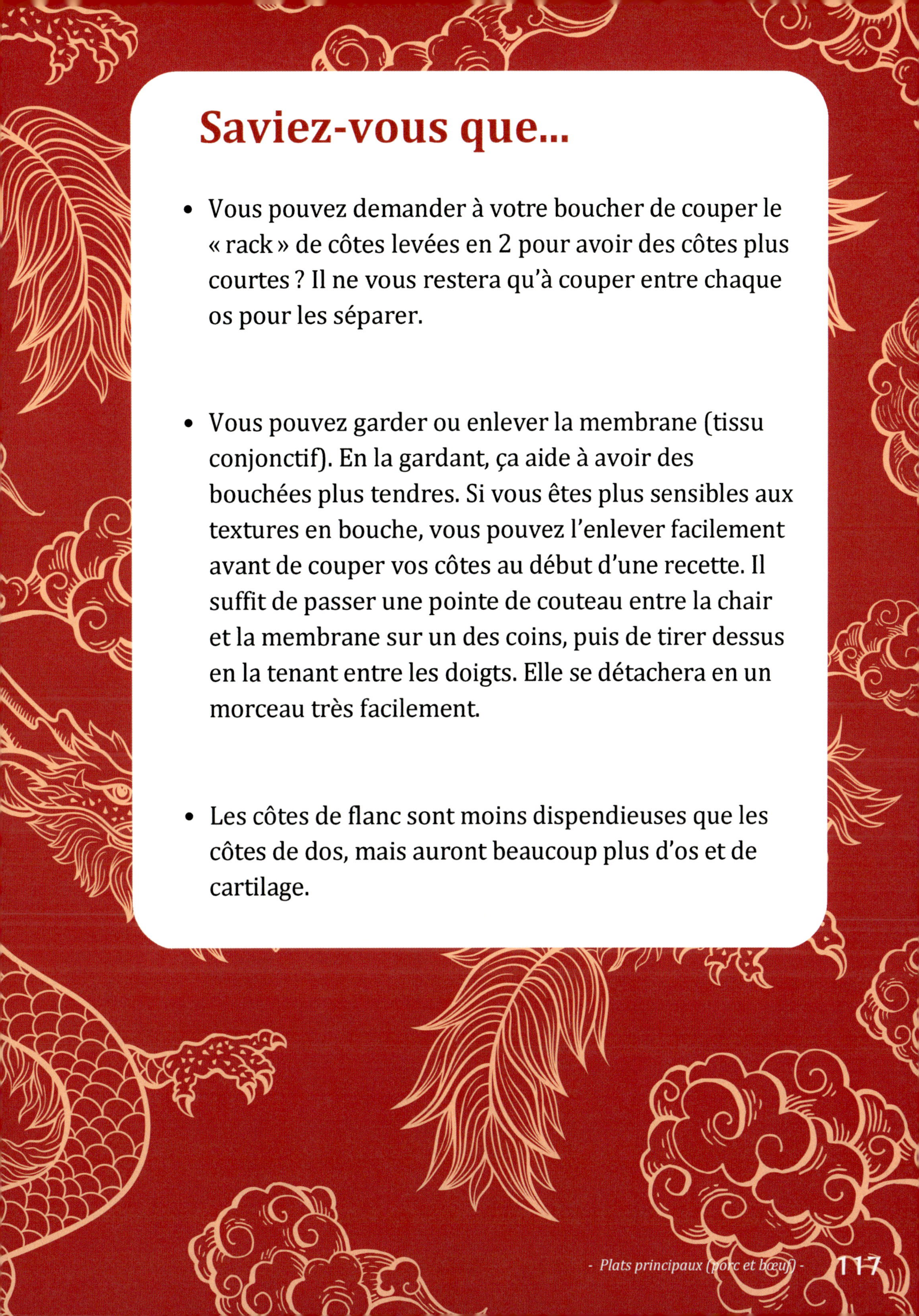

Saviez-vous que...

- Vous pouvez demander à votre boucher de couper le « rack » de côtes levées en 2 pour avoir des côtes plus courtes ? Il ne vous restera qu'à couper entre chaque os pour les séparer.

- Vous pouvez garder ou enlever la membrane (tissu conjonctif). En la gardant, ça aide à avoir des bouchées plus tendres. Si vous êtes plus sensibles aux textures en bouche, vous pouvez l'enlever facilement avant de couper vos côtes au début d'une recette. Il suffit de passer une pointe de couteau entre la chair et la membrane sur un des coins, puis de tirer dessus en la tenant entre les doigts. Elle se détachera en un morceau très facilement.

- Les côtes de flanc sont moins dispendieuses que les côtes de dos, mais auront beaucoup plus d'os et de cartilage.

AUBERGINES À LA SICHUANAISE

Rendement: 4 portions
Préparation: 35 minutes
Cuisson: 10 minutes

Depuis que je suis tout petit, j'adore les aubergines chinoises pour leur texture plus ferme et leur taille compacte. Ça en fait des bouchées plus faciles et rapides à manger et je vous le confirme, c'est très différent des aubergines de la cuisine occidentale ! Cette recette vous offre un vrai punch de saveurs et met superbement en valeur le poivre du Sichuan ! Il est tout, sauf plate en bouche ! En plus du goût incroyable, les couleurs flamboyantes de ce plat attireront le regard de vos invités à coup sûr ! - Quy Tâm

MARINADE DU PORC

½ lb (227 g) de porc haché
2 gousses d'ail hachées
1 c. à soupe d'huile de canola
2 c. à thé de sauce soya claire
1 c. à thé de cassonade dorée

SAUCE

⅓ tasse (85 ml) d'eau
3 c. à soupe de cassonade dorée
3 c. à soupe de sauce aux huîtres
4 c. à thé de sauce soya claire
1 c. à soupe de vinaigre noir
1 c. à thé de sauce soya foncée
1 c. à thé de vin de cuisson Shaoxing
2 c. à thé de fécule de maïs

AUBERGINES FRITES

3-4 aubergines chinoises (600 g)
2 c. à soupe de vinaigre blanc
3 à 4 c. à soupe de fécule de maïs
Huile de canola pour friture

AUTRES INGRÉDIENTS

3 c. à soupe d'huile de canola
6 gousses d'ail hachées
1-2 oignons verts (25 g) hachés
1 c. à soupe de gingembre haché
4 à 6 piments chili séchés épépinés et réhydratés
1 c. à soupe de sauce aux fèves et piment rouge (toban djan)
½ c. à thé de poivre du Sichuan moulu
⅓ poivron rouge (65 g) en petits dés
Riz jasmin (accompagnement)

1- Mélanger le porc avec les ingrédients de la marinade et garder au réfrigérateur le temps de préparer le reste.

2- Dans un bol séparé, mélanger tous les ingrédients de la sauce et réserver.

3- Préchauffer la friteuse à 375 °F (190 °C).

4- Couper les aubergines au centre dans le sens de la longueur. Couper les deux morceaux à nouveau au centre dans le sens de la longueur. Couper ensuite en morceaux d'environ 6 cm et les mettre dans un grand bol.

5- Verser les 2 c. à soupe de vinaigre blanc sur les aubergines et les mélanger avec les mains pour bien les enrober. Ceci évitera que les morceaux s'oxydent. Égoutter le surplus de vinaigre, mettre la fécule de maïs sur les morceaux et bien remuer avec les mains.

6- Frire les aubergines 1 minute en gardant la pelure submergée dans l'huile afin de préserver la couleur mauve. Retirer ensuite sur un papier absorbant et réserver. Note : Pour une version moins grasse, on peut cuire les aubergines à la vapeur environ 10 minutes, mais la peau deviendra brune au lieu de rester mauve.

7- Dans le wok à feu moyen-élevé (300 °F/150 °C), mettre les 3 c. à soupe d'huile de canola et faire revenir l'ail, les oignons verts et le gingembre pendant 1 minute.

8- Ajouter le porc mariné, les piments chili réhydratés, le toban djan et le poivre du Sichuan. Faire revenir 2 minutes en brisant le porc en petits morceaux.

9- Ajouter le poivron rouge et continuer la cuisson 2 à 3 minutes.

10- Incorporer la sauce au wok et remuer jusqu'à épaississement. Éteindre ensuite le feu. Ajouter les aubergines, bien remuer jusqu'à ce qu'elles soient enrobées de sauce, puis servir avec du riz jasmin.

Scanner pour voir la vidéo de la recette

Note

C'est un plat qui est plutôt salé, vinaigré et piquant. On doit le manger avec du riz blanc pour bien équilibrer les saveurs. Si vous voulez adoucir le plat davantage, vous pouvez augmenter la quantité d'eau dans la sauce.

Note pour la congélation

Les aubergines seront plus molles, mais le goût du plat ne changera pas.

BOULETTES ASIATIQUES

À LA SAUCE SUCRÉE

On voit ces boulettes un peu plus rarement dans les buffets, mais lorsque je les ai découvertes, j'ai tout de suite su que je devais essayer d'en faire à la maison. Les versions de restaurant n'arrivent jamais au niveau que je voudrais, mais je pouvais voir le potentiel de ce plat. Avec la recette que nous vous avons concoctée, vous aurez du mal à arrêter d'en manger ! Ces boulettes sont dangereusement addictives ! Et en plus, elles se congèlent très bien ! Ça en fait une recette parfaite pour faire des repas en avance ou pour intégrer à un buffet en prévision de recevoir vos proches ! – Christina

Rendement: 24 boulettes (6 portions de 4 boulettes)
Préparation: 15 minutes
Marinade: 30 minutes
Cuisson: 25 minutes

BOULETTES

1 lb (454 g) de bœuf haché mi-maigre
1 lb (454 g) de porc haché mi-maigre
1 œuf large
4 oignons verts (60g) hachés grossièrement
⅓ tasse (40 g) de riz précuit de type Minute Rice (non cuit)
4 gousses d'ail hachées très finement
2 c. à thé de gingembre haché très finement
2 c. à soupe de sauce aux huîtres
1 c. à soupe de sauce soya claire
1 c. à thé de poudre d'oignon
1 c. à thé de sucre
¾ c. à thé de poivre noir moulu
½ c. à thé de sel
Huile de canola (pour la cuisson des boulettes)

SAUCE

2 tasses (500 ml) de bouillon de bœuf
½ tasse (110 g) de cassonade dorée
3 c. à soupe de sauce soya claire
2 c. à thé de vin de cuisson Shaoxing
1 c. à thé de sauce soya foncée
1 c. à thé de gingembre haché finement

POUR ÉPAISSIR

1 c. à soupe de fécule de maïs
¼ tasse (65 ml) d'eau

1- Dans un grand bol, mettre tous les ingrédients pour les boulettes (sauf l'huile de canola) et bien mélanger à la main. Former ensuite 24 boulettes d'environ 45 g chacune.

2- Combiner tous les ingrédients de la sauce dans un bol et remuer jusqu'à ce que la cassonade soit dissoute. Réserver.

3- Dans un petit bol séparé, mélanger la fécule de maïs et l'eau, puis garder de côté.

4- Chauffer une grande poêle profonde à feu moyen-élevé et y mettre un peu d'huile de canola. Saisir les boulettes et les tourner de temps en temps pour bien griller tous les côtés.

5- Une fois que les boulettes sont bien colorées, verser la sauce dans la poêle et amener à ébullition. Mijoter à feu moyen-élevé, sans couvercle, pendant 16 à 18 minutes en remuant les boulettes de temps en temps. Il faudra probablement baisser à feu moyen vers la moitié de la cuisson, puisque la sauce aura réduit un peu.

6- Verser le mélange de fécule dans la poêle tout en remuant et amener à ébullition pour épaissir. Goûter la sauce et l'ajuster au besoin. Si c'est trop salé, c'est que ça a trop réduit, il faut ajouter un peu d'eau. Si la sauce est encore très liquide et un peu fade, simplement laisser mijoter quelques minutes de plus pour concentrer les saveurs.

7- Une fois le tout bien ajusté au goût, éteindre le feu et servir les boulettes avec du riz jasmin.

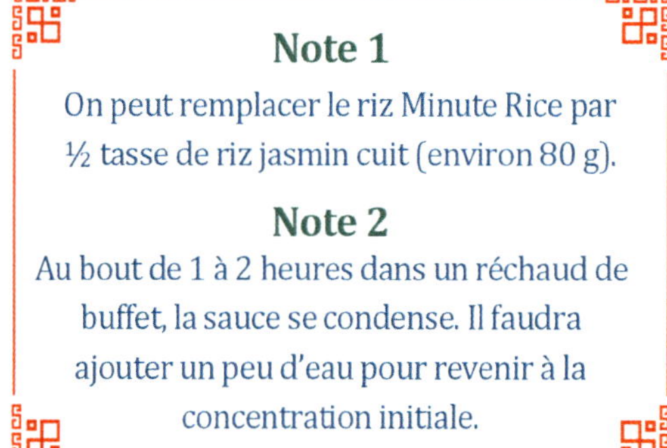

Note 1

On peut remplacer le riz Minute Rice par ½ tasse de riz jasmin cuit (environ 80 g).

Note 2

Au bout de 1 à 2 heures dans un réchaud de buffet, la sauce se condense. Il faudra ajouter un peu d'eau pour revenir à la concentration initiale.

OMELETTE FOO YUNG

Rendement: 4 portions
Préparation: 20 minutes
Cuisson: 25 minutes

Les plats à base d'œufs ont toujours eu une bonne place dans les buffets et nous vous proposons donc notre version des œufs foo yung ! Cette délicieuse omelette est garnie de viande et de fèves germées qui apportent beaucoup de saveurs et de textures. De plus, elle est recouverte d'une délicieuse sauce brune, avec un bon côté umami indéniable ! C'est un incroyable classique que vous devez essayer !

MARINADE DU PORC

¼ lb (113 g) de porc haché mi-maigre
1 c. à thé de sauce aux huîtres
½ c. à thé de sauce soya claire
½ c. à thé de sucre

OMELETTE

½ oignon jaune (75 g) en julienne
3 tasses (225 g) de fèves germées
4 c. à thé de fécule de maïs
4 c. à thé d'eau
1 c. à thé de sauce aux huîtres
1 c. à thé de sucre
½ c. à thé de sel
¼ c. à thé de poivre blanc
6 œufs larges
5 branches (25 g) de ciboulette à l'ail en morceaux de 1 cm

SAUCE BRUNE

1 tasse (250 ml) de bouillon de poulet (style Knorr)
1 c. à soupe de fécule de maïs
2 c. à thé de sauce aux huîtres
2 c. à thé de sauce soya claire
1 ½ c. à thé de sucre
¾ c. à thé de sauce soya foncée
¼ c. à thé de poudre d'ail
¼ c. à thé de poudre d'oignon
¼ c. à thé de poudre de piment chili
⅛ c. à thé de curcuma moulu
1 pincée de poivre blanc
1 c. à soupe d'huile de canola
1 c. à soupe de farine tout usage
1 filet d'huile de sésame

PRÉPARATION DE LA SAUCE

1- Dans une tasse à mesurer, mélanger tous les ingrédients de la sauce brune, sauf l'huile de canola, la farine et l'huile de sésame, puis réserver.

2- Dans une petite casserole, mettre l'huile de canola et la farine, puis chauffer à feu moyen-élevé. Remuer jusqu'à ce que ça brunisse. Une fois que la farine est épaissie et devenue rousse, ajouter la sauce. Monter à feu fort et remuer jusqu'à épaississement. Retirer du feu, ajouter un filet d'huile de sésame, remuer et garder de côté.

PRÉPARATION DE L'OMELETTE

1- Mélanger le porc aux ingrédients de la marinade et garder au frigo le temps de préparer le reste.

2- Chauffer le wok en acier carbone à feu très fort et mettre un peu d'huile de canola. Faire revenir les oignons pour environ 1 minute et 30 secondes, puis les retirer dans un gros bol.

3- Remettre un peu d'huile dans le wok, et faire revenir les fèves germées pour 30 à 45 secondes. Retirer et mettre dans le bol avec les oignons.

4- Baisser légèrement le feu, remettre un peu d'huile dans le wok et cuire de porc haché en le brisant en morceaux. Une fois qu'il est complètement cuit, éteindre le feu et mettre la viande dans le bol d'oignons.

5- Dans un grand bol, préparer l'omelette en mélangeant la fécule de maïs, l'eau, la sauce aux huîtres, le sucre, le sel et le poivre blanc. Ajouter ensuite les œufs et mélanger au fouet. Ajouter la ciboulette à l'ail, puis les oignons, les fèves germées et le porc qui auront eu le temps de refroidir légèrement. Bien mélanger tous les ingrédients ensemble.

6- Chauffer le wok à feu moyen-élevé et mettre de l'huile de canola (environ 2 à 3 c. à soupe). Une fois l'huile bien chaude, verser le ¼ du mélange d'omelette dans le wok. Laisser cuire 10 à 15 secondes, puis baisser à température moyenne. Une fois le dessous bien grillé, retourner l'omelette et griller l'autre côté. Retirer lorsque l'omelette est cuite uniformément des 2 côtés, puis répéter pour les 3 autres.

7- Servir avec du riz jasmin et avec la sauce brune.

Scanner pour voir la vidéo de la recette

Note pour la congélation

Les omelettes peuvent se congeler pour un maximum de 1 mois, on doit les séparer en mettant un papier parchemin entre chacune d'elles. Si vous voulez en faire pour un buffet, le mieux est de les préparer la veille et de les réfrigérer, vous pourrez les réchauffer au micro-ondes tout simplement.

BŒUF AU POIVRE

Rendement: 4 portions
Préparation: 15 minutes
Marinade: 30 minutes
Cuisson: 15 minutes

Le bœuf au poivre est un classique dans les restaurants et buffets chinois ! Avec notre sauce maison, l'expérience en bouche est 100 fois plus satisfaisante, vous verrez, c'est une vraie explosion de saveurs ! Il s'agit d'une recette parfaite pour initier quelqu'un un peu hésitant à essayer de la cuisine asiatique !

SAUCE AU POIVRE NOIR MAISON (DONNE ENVIRON 500 ML)

4 c. à thé (13 g) de poivre noir entier
1 ½ tasse (375 ml) de bouillon de bœuf (de type Knorr)
3 c. à soupe de sauce aux huîtres
2 c. à soupe de ketchup
2 c. à soupe de cassonade dorée
1 c. à soupe de sauce soya claire
2 c. à thé de sauce soya foncée
1 c. à thé de vinaigre de riz
1 c. à thé de poudre d'ail
1 c. à thé de sel
5 c. à thé de fécule de maïs
5 c. à thé d'eau

MARINADE DU BŒUF

1,1 lb (500 g) de bœuf (bavette, filet, faux-filet, haut de surlonge)
1 c. à soupe de sauce soya claire
1 c. à soupe de vin de cuisson Shaoxing
2 c. à thé de fécule de maïs
2 c. à thé d'huile de canola
1 ½ c. à thé de sucre
1 c. à thé de bicarbonate de soude (facultatif)

AUTRES INGRÉDIENTS

3 gousses d'ail en tranches minces
½ poivron rouge (100 g) en morceaux de 2-3 cm
½ poivron vert (100 g) en morceaux de 2-3 cm
½ oignon jaune (75 g) en morceaux de 2-3 cm
¾ tasse (185 ml) à 1 tasse (250 ml) de sauce au poivre maison
Riz jasmin

Scanner pour voir la vidéo de la recette

1- Couper le bœuf dans le sens perpendiculaire de la fibre, en petites tranches de grosseur d'une bouchée et d'environ 2-3 mm d'épaisseur. Mélanger avec tous les ingrédients de la marinade et mariner au moins 30 minutes.

2- Dans une poêle à feu moyen, torréfier les grains de poivre quelques minutes (sans huile). Lorsque les grains commencent à sauter légèrement, retirer du feu et les laisser refroidir. Les moudre ensuite dans un moulin à épices.

3- Dans une petite casserole, mettre le poivre moulu et tous les ingrédients de la sauce, sauf la fécule et l'eau. Mettre à feu moyen et amener à ébullition. Bouillir 5 minutes à découvert en remuant de temps en temps.

4- Dans un petit bol, mélanger la fécule et l'eau. Ajouter à la sauce en remuant et ramener à ébullition. Une fois la sauce épaissie, retirer du feu, couvrir et réserver (nous utiliserons seulement la moitié de la sauce pour la recette).

5- Dans un wok à feu moyen-élevé (300 °F/150 °C), mettre un peu d'huile, ajouter la moitié de la viande et saisir 1 minute sans remuer. Brasser et continuer la cuisson environ 1 à 2 minutes ou jusqu'à ce qu'elle soit cuite. Retirer dans une assiette et cuire le restant de la viande de la même façon.

6- Remettre un peu d'huile et faire revenir tous les légumes environ 3 minutes.

7- Ajouter la sauce au poivre noir maison et cuire 1 min 30 s (vous pouvez mettre ¾ tasse ou 185 ml, puis augmenter la quantité au goût). Ajouter ensuite le bœuf et mélanger 30 secondes. Éteindre le feu et servir avec du riz jasmin !

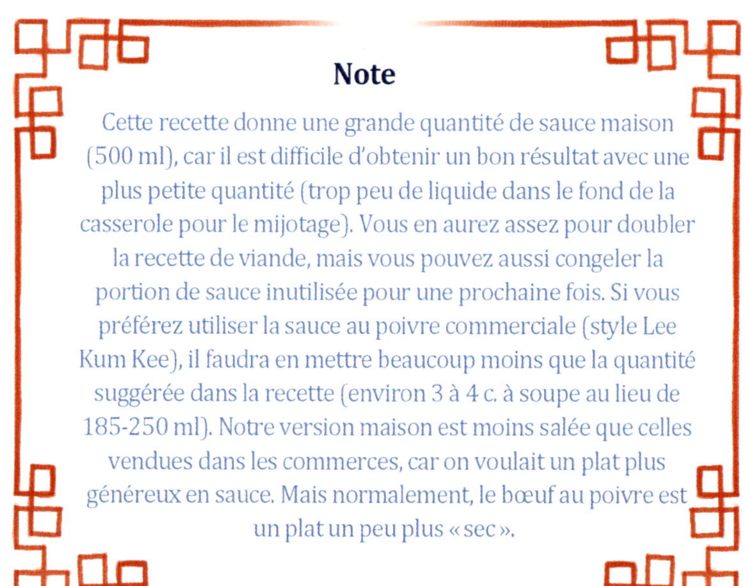

Note

Cette recette donne une grande quantité de sauce maison (500 ml), car il est difficile d'obtenir un bon résultat avec une plus petite quantité (trop peu de liquide dans le fond de la casserole pour le mijotage). Vous en aurez assez pour doubler la recette de viande, mais vous pouvez aussi congeler la portion de sauce inutilisée pour une prochaine fois. Si vous préférez utiliser la sauce au poivre commerciale (style Lee Kum Kee), il faudra en mettre beaucoup moins que la quantité suggérée dans la recette (environ 3 à 4 c. à soupe au lieu de 185-250 ml). Notre version maison est moins salée que celles vendues dans les commerces, car on voulait un plat plus généreux en sauce. Mais normalement, le bœuf au poivre est un plat un peu plus « sec ».

NOUILLES UDON

AU BŒUF ET BROCOLI CHINOIS

Les plats de nouilles sont toujours une option très populaire dans les buffets ! Cette recette de nouilles udon au bœuf et brocoli chinois offre une option de repas complète ! Attrayantes au regard avec de belles couleurs, elles feront un bon plat de résistance pour toutes les occasions !

Rendement: 4-6 portions
Préparation: 35 minutes
Cuisson: 15 minutes

MARINADE DU BŒUF

1 lb (454 g) de bœuf (faux-filet, haut de surlonge, œil de ronde)
1 c. à soupe de sauce soya claire
1 c. à soupe de vin de cuisson Shaoxing
2 c. à thé de sucre
1 c. à thé de bicarbonate de soude

SAUCE

3 c. à soupe de sauce soya claire
1 c. à soupe de sauce soya foncée
1 c. à soupe de vin de cuisson Shaoxing
2 c. à thé de sucre
1 ½ c. à thé de vinaigre noir
2 c. à soupe d'huile de chili croquante (mettre la moitié si c'est de l'huile de chili maison, celle de la p. 32)

AUTRES INGRÉDIENTS

1,75 lb (800 g) de nouilles udon précuites et emballées sous vide
6-8 branches (225 g) de brocoli chinois (gai lan) OU brocoli régulier
4 gousses d'ail hachées
3 tasses (225 g) de fèves germées
Huile de canola

1- Couper le bœuf en tranches minces de 2-3 mm dans le sens perpendiculaire à la fibre et mettre dans un bol. Ajouter tous les ingrédients de la marinade, bien mélanger et laisser mariner 30 minutes.

2- Mélanger tous les ingrédients de la sauce et réserver. L'huile de chili peut aussi être ajoutée, au goût, à la toute fin de la recette pour éviter de rendre le plat trop piquant.

3- Amener une marmite d'eau à ébullition et y plonger les nouilles udon. Lorsqu'elles se détacheront (au bout de 1 à 2 minutes), égoutter, rincer sous l'eau froide et réserver.

4- Séparer les feuilles et les tiges de brocoli chinois. Couper les tiges en biseau de 3-4 mm d'épaisseur, puis les feuilles en 3 ou 4 morceaux. Garder dans 2 bols séparés.

5- Dans un wok à feu moyen-élevé (300 °F/150 °C), mettre un peu d'huile et ajouter le bœuf en l'étalant sur toute la surface. Laisser cuire 1 minute sans y toucher, puis faire revenir ensuite pour 2 à 3 minutes. Une fois cuit, le retirer dans un grand bol.

6- Remettre un peu d'huile et mettre les tiges de brocoli chinois. Cuire pendant 2 minutes, puis ajouter les feuilles. Continuer la cuisson pendant 1 minute, puis transférer dans le bol de viande.

7- Remettre un peu d'huile et faire revenir les fèves germées 30 secondes. Retirer avec le reste.

8- Ajouter de l'huile et faire revenir l'ail 30 secondes, ou jusqu'à ce que ça commence à griller. Verser la sauce dans le wok et amener à ébullition. Bouillir pendant 1 minute.

9- Incorporer les nouilles udon et remuer dans la sauce pendant 1 à 2 minutes, ou jusqu'à ce que celle-ci soit agglomérée aux nouilles.

10- Remettre la viande et les légumes, puis fermer le feu. Remuer jusqu'à ce que tout soit uniformément réparti, puis servir !

Scanner pour voir la vidéo de la recette

Note pour la congélation

Si vous envisagez de faire cette recette en avance (pour des lunchs, ou pour congeler), il est préférable de ne pas mettre de fèves germées. Les fèves germées sont croustillantes si l'on sert le plat tout de suite, mais deviennent très molles les jours d'après, ce qui rend le plat un peu moins intéressant.

WHITE RABBIT

LANIÈRES DE PORC AUX 5 ÉPICES

On aime cette recette pour son côté économique, mais surtout pour son punch de saveurs incroyable! Si vous aimez le goût des 5 épices chinoises, vous tomberez en amour avec ce plat! Les côtelettes de porc désossées sont normalement un peu raides et sèches, mais dans cette recette, ça fait des bouchées très tendres et juteuses!

Rendement: 6 portions
Préparation: 20 minutes
Marinade: 30 minutes
Cuisson: 10 minutes

MARINADE DU PORC

2 lb (908 g) de côtelettes de porc désossées
1 blanc d'œuf
2 c. à soupe de fécule de maïs
2 c. à soupe de vin de cuisson Shaoxing
1 c. à soupe de sauce soya claire
1 c. à soupe de sauce soya foncée
1 c. à soupe de sauce hoisin
2 c. à thé de sucre
½ c. à thé de poivre blanc moulu

SAUCE

¾ tasse (185 ml) d'eau
3 c. à soupe de sauce soya claire
2 c. à soupe de sauce aux huîtres
2 c. à soupe de sauce hoisin
1 c. à soupe de fécule de maïs
2 c. à thé de sucre
1 c. à thé de sauce soya foncée
1 c. à thé de poudre 5 épices chinoises

AUTRES INGRÉDIENTS

8 gousses d'ail hachées
2 gros poivrons verts (450 g) en julienne
2 oignons verts (40 g) en rondelles (parties blanches et vertes séparées)
2 c. à soupe de gingembre haché
Huile de canola

1- Couper les côtelettes de porc une fois sur l'épaisseur, puis en lanières. Les mettre dans un bol et mélanger avec tous les ingrédients de la marinade, puis mariner pendant 30 minutes.

2- Dans un contenant séparé, mélanger tous les ingrédients de la sauce et réserver.

3- Dans un wok à feu fort (350 °F/175 °C), mettre un peu d'huile et ajouter la moitié du porc. Étaler sur la surface du wok et saisir pendant 1 minute sans y toucher. Faire revenir ensuite pour 1 à 2 minutes ou jusqu'à ce qu'il soit cuit à votre goût. Retirer dans un bol et répéter pour la deuxième moitié de porc.

4- Baisser à feu moyen (250 °F/120 °C), remettre un peu d'huile et ajouter l'ail, le gingembre et la partie blanche des oignons verts. Faire revenir environ 30 à 60 secondes, ou jusqu'à ce que l'ail commence à griller.

5- Monter à feu fort (350 °F/175 °C) et ajouter le poivron vert. Faire revenir pour 2 à 3 minutes.

6- Remuer la sauce et l'ajouter au wok. Amener à ébullition tout en remuant jusqu'à épaississement.

7- Remettre le porc et la partie verte des oignons verts, puis remuer 15 secondes pour bien répartir le tout, puis éteindre le feu. Servir avec du riz jasmin.

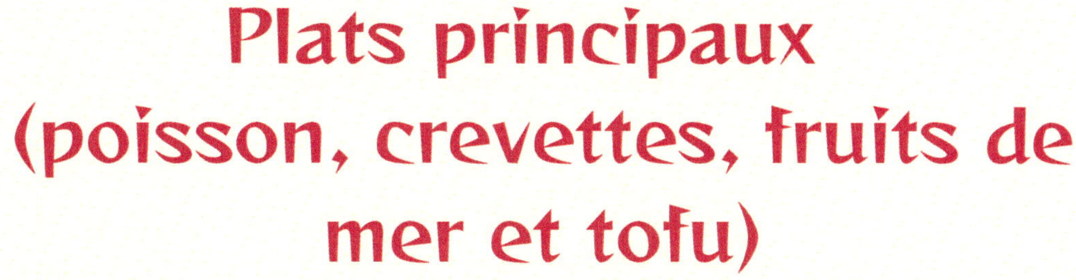

Plats principaux (poisson, crevettes, fruits de mer et tofu)

POISSON BOUILLI SICHUANAIS

En général, dans les buffets chinois, ce plat de poisson est assez doux et neutre au goût, disons que c'est rarement mémorable. Cependant, lors d'une expérience récente, nous avons découvert une version plus « punchée » en saveurs et ça nous a marqué ! Notre recette part de cette base, mais nous avons ajouté plus d'éléments pour élever le plat à un autre niveau ! Vos papilles vous remercieront ! - Quy Tâm

Rendement: 4 portions
Préparation: 30 minutes
Cuisson: 15 minutes

INGRÉDIENTS

1,5 lb (680 g) de filets de poisson blanc désossé et sans peau (tilapia, basa, morue, etc.)
2 c. à soupe d'huile de canola
3 gousses d'ail hachées
1 c. à soupe de gingembre haché
3 oignons verts (50 g), partie blanche en rondelles et partie verte en tronçons de 2-3 cm
3 c. à soupe de sauce aux fèves et piment rouge (toban djan)
4 c. à thé de vin de cuisson Shaoxing
1 c. à soupe de sucre
2 c. à thé de poivre du Sichuan vert moulu finement
2 c. à thé de flocons de piment chili
2 tasses (500 ml) de bouillon de poulet (style Knorr)
½ tasse (125 ml) d'eau
4 tasses (300 g) de fèves germées

HUILE PIQUANTE

¼ tasse (65 ml) d'huile de canola
1 c. à soupe de flocons de piment chili
1 c. à soupe de poivre du Sichuan vert grossièrement moulu

1- Chauffer une grande marmite d'eau en prévision de bouillir le poisson plus tard dans la recette.

2- Couper les filets de poisson une fois au centre dans le sens de la longueur, puis en morceaux de 4-5 cm. Mettre les morceaux au réfrigérateur le temps de préparer le reste.

3- Préparer l'huile piquante en mettant l'huile, les flocons de piment et le poivre du Sichuan dans une petite casserole. Chauffer à feu moyen jusqu'à ce que l'huile pétille très légèrement, puis continuer la cuisson 5 minutes pour que les saveurs se propagent dans l'huile. Attention de ne pas chauffer trop fort, le piment et le poivre brûlent facilement. Retirer du feu lorsque l'huile prend une coloration orangée. On peut filtrer l'huile dans un tamis ou la laisser telle quelle.

4- Chauffer le wok électrique à feu moyen (250 °F/120 °C), mettre 2 c. à soupe d'huile de canola et mettre l'ail, le gingembre et la partie blanche des oignons verts. Faire revenir pour environ 45 secondes, ou jusqu'à ce que l'ail brunisse.

5- Ajouter la sauce aux fèves et piment rouge et continuer de faire revenir pour 1 minute. Incorporer ensuite le vin de cuisson Shaoxing, le sucre, le poivre du Sichuan et les flocons de piment. Faire revenir pour 1 minute.

6- Verser le bouillon de poulet et l'eau dans le wok, puis amener à ébullition. Réduire la température à 200 °F (95 °C), mettre le couvercle et laisser mijoter 4 minutes. Au même moment, mettre les morceaux de poisson dans l'eau bouillante dans la marmite préparée au début de la recette.

7- Une fois le mijotage terminé, retirer le couvercle du wok et ajouter les fèves germées et la partie verte des oignons verts. Cuire pour 30 à 45 secondes, puis les transférer dans un plat de service à l'aide d'une passoire araignée.

8- Transférer les morceaux de poisson dans le wok en utilisant la même passoire. Laisser mijoter 3 minutes sans couvercle, ou jusqu'à ce qu'il soit complètement cuit.

9- Mettre le poisson sur les fèves germées, puis verser le bouillon par-dessus. Ajouter ensuite l'huile piquante sur le dessus. et servir avec du riz jasmin !

Scanner pour voir la vidéo de la recette

Note

On préfère bouillir le poisson dans de l'eau plutôt que directement dans le bouillon. Le poisson produit beaucoup d'écume et rend le bouillon opaque, en plus de le diluer, car il perd de l'eau durant la cuisson.

MOULES À LA SAUCE DE FÈVES NOIRES

Je me souviens encore de ma première expérience avec un plat mettant en vedette une sauce de fèves noires. C'était au quartier chinois de Montréal dans les années 80. Dans le temps, c'étaient de très grosses palourdes qui étaient servies avec cette sauce et j'avais complètement adoré mon expérience ! Nous vous avons donc concocté une recette avec des moules qui capture très bien l'esprit du plat, ça agrémentera parfaitement vos buffets ! Vos invités qui adorent les moules pourront s'en donner à cœur joie ! Succès garanti ! - Quy Tâm

Rendement: 4 portions
Préparation: 20 minutes
Cuisson: 15 minutes

INGRÉDIENTS

¼ tasse (20 g) de gingembre coupé en fines julienne
2 c. à soupe d'huile de canola
3 oignons verts (55 g) en morceaux de 3 cm (parties blanches et vertes séparées)
2 gousses d'ail hachées
1 c. à soupe de sauce aux haricots noirs et à l'ail (voir note)
½ oignon jaune (75 g) coupé en petits dés de 5 mm
½ poivron rouge (90 g) coupé en petits dés de 5 mm
1 tasse (250 ml) d'eau
4 c. à thé de sauce soya claire
1 c. à soupe de sauce aux huîtres
1 c. à soupe de vin de cuisson Shaoxing
1 c. à soupe de sambal oelek
1 c. à thé de sauce soya foncée
1 c. à thé de sucre
1,75 lb (800 g) de moules vertes de la Nouvelle-Zélande
2 c. à soupe de fécule de maïs (pour épaissir)
2 c. à soupe d'eau (pour épaissir)
Riz jasmin (accompagnement)

1- Dans un wok à feu moyen (250 °F/120 °C), chauffer 2 c. à soupe d'huile de canola. Ajouter le gingembre et faire revenir 30 secondes. Ajouter la partie blanche des oignons verts, l'ail et la sauce aux haricots noirs, puis faire revenir 30 à 60 secondes.

2- Ajouter le poivron et l'oignon jaune, continuer de faire revenir pendant 1 minute.

3- Incorporer l'eau, la sauce soya claire, la sauce aux huîtres, le vin de cuisson Shaoxing, le sambal oelek, la sauce soya foncée et le sucre. Bien mélanger et ajouter ensuite les moules (celles-ci peuvent être encore congelées).

4- Baisser la température à feu doux-moyen (200 °F/95 °C), couvrir et cuire pendant 10 minutes.

5- Monter le feu légèrement et ajouter le mélange de fécule de maïs et d'eau. Remuer jusqu'à épaississement.

6- Ajouter les oignons verts restants et remuer pendant 30 secondes. Éteindre et retirer du feu.

7- Servir avec du riz jasmin.

Scanner pour voir la vidéo de la recette

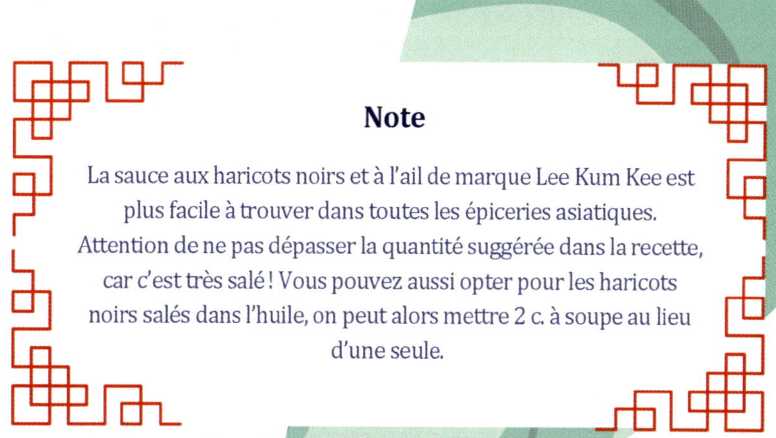

Note

La sauce aux haricots noirs et à l'ail de marque Lee Kum Kee est plus facile à trouver dans toutes les épiceries asiatiques. Attention de ne pas dépasser la quantité suggérée dans la recette, car c'est très salé ! Vous pouvez aussi opter pour les haricots noirs salés dans l'huile, on peut alors mettre 2 c. à soupe au lieu d'une seule.

CREVETTES CANTONAISES

Le plat de crevettes cantonaises fait partie de ceux que j'aime bien manger dans les restos chinois ! Ici, les crevettes sont cuites avec la carapace et la tête, les saveurs sont donc retenues et concentrées. Vous goûterez aussi au tomalli des crevettes, ça donne un petit punch de plus ! Ne vous inquiétez pas, les carapaces sont minces et deviendront croustillantes lors de la cuisson ! « Umami » est le mot qui me vient à l'esprit lorsque je pense à cette recette ! - Quy Tâm

Rendement: 4 portions
Préparation: 30 minutes
Cuisson: 5 minutes

INGRÉDIENTS

1,75 lb (800 g) de crevettes avec têtes
6 gousses d'ail hachées
¼ tasse (35 g) d'oignon jaune en petits dés de 5 mm
3 c. à soupe (25 g) de poivron rouge en petits dés de 5 mm
3 c. à soupe de poivron vert en petits dés de 5 mm
¼ tasse (60 g) de beurre demi-sel
1 c. à thé de sucre
¾ c. à thé de sel
⅛ c. à thé de poivre blanc moulu
Huile de canola

1- Déveiner les crevettes, mais garder les têtes et carapaces. Pour les déveiner, vous pouvez couper un trait dans le dos de la crevette et retirer l'intestin. Si vous ne voulez pas ouvrir la carapace, vous pouvez aussi piquer un cure-dent dans une des jointures de la queue, en passant sous l'intestin et en tirant légèrement vers vous. Une fois que l'intestin sort un peu, tirer dessus avec le bout des doigts pour le sortir complètement.

2- Chauffer un wok à feu moyen et ajouter un peu d'huile de canola (1 à 2 c. à soupe). Mettre toutes les crevettes et les faire sauter environ 3 minutes afin de les cuire complètement. Les retirer ensuite dans une assiette.

3- Remettre un peu d'huile dans le wok (environ 1 c. à soupe) et faire revenir l'ail 15 à 20 secondes. Incorporer l'oignon et les poivrons, puis continuer de faire revenir pendant 2 minutes.

4- Remettre les crevettes et ajouter le beurre, le sucre, le sel et le poivre blanc. Bien remuer pendant 30 à 60 secondes pour faire fondre le beurre et répartir les assaisonnements.

5- Éteindre le feu et servir ! La carapace peut être mangée si elle n'est pas trop épaisse, mais vous pouvez aussi décortiquer les crevettes au moment de manger.

Note pour la congélation

Les crevettes se congèlent très bien, mais la chair pourrait devenir un peu plus dure en la réchauffant. Évitez de trop les mettre trop longtemps au micro-ondes.

CREVETTES À LA SICHUANAISE

Vous retrouverez très souvent un plat de crevettes dans les buffets, mais celui-ci est généralement très neutre au goût. Nous avons préféré créer une recette qui a du «punch» pour que ce soit excitant à manger! Étant des adeptes de cuisine sichuanaise, nous avons créé cette recette qui offrira de belles couleurs et saveurs à vos invités!

Rendement: 4-6 portions
Préparation: 35 minutes
Cuisson: 10 minutes

INGRÉDIENTS

1,5 lb (680 g) de crevettes décortiquées et déveinées
20 piments chili séchés (facultatif)
2 échalotes françaises (45 g) hachées
3 gousses d'ail hachées
1 c. à thé de gingembre haché
1 ½ c. à soupe de sauce aux fèves et piment rouge (toban djan)
½ poivron rouge (90 g) en petits dés
½ tasse (75 g) de châtaignes d'eau en tranches de 3 mm d'épaisseur
2 c. à soupe de ketchup
2 c. à soupe de sauce hoisin
1 c. à soupe de vinaigre blanc
2 c. à thé de sauce soya claire
2 c. à thé de vin de cuisson Shaoxing
½ c. à thé de sucre
2 tasses (500 ml) de bouillon de poulet
½ tasse (125 ml) d'eau
1 c. à thé d'huile de sésame
⅛ c. à thé de poivre blanc moulu
Huile de canola

POUR ÉPAISSIR

2 c. à soupe de fécule de maïs
2 c. à soupe d'eau

1- Chauffer le wok à feu moyen (250 °F/120 °C) et mettre un peu d'huile. Ajouter les crevettes et faire revenir environ 4 minutes. Lorsqu'elles sont complètement cuites, les transférer dans une assiette.

2- Remettre de l'huile dans le wok (environ 2 à 3 c. à soupe), puis mettre les piments séchés, l'échalote française, l'ail et le gingembre. Faire revenir pendant environ 1 min 30 s ou jusqu'à ce que l'ail commence à griller.

3- Ajouter la sauce aux fèves et piment rouge (toban djan), et continuer de faire revenir pendant 30 secondes.

4- Incorporer le poivron, les châtaignes d'eau, le ketchup, la sauce hoisin, le vinaigre blanc, la sauce soya claire, le vin de cuisson Shaoxing et le sucre. Remuer pendant 2 minutes.

5- Ajouter le bouillon de poulet, l'eau, l'huile de sésame et le poivre blanc. Remuer et dès que ça commence légèrement à bouillir, laisser mijoter pour 1 minute.

6- Pendant ce temps, dans un petit bol, mélanger la fécule de maïs et l'eau. L'ajouter au wok une fois le mijotage terminé et remuer jusqu'à épaississement. Éteindre le feu, c'est prêt!

Note

Les piments séchés sont facultatifs, ils servent beaucoup plus de décoration. Si vous désirez les manger pour avoir un plat plus piquant, on vous suggère de les couper en 2 ou 3 morceaux et de les vider de leurs graines avant de les utiliser dans la recette.

TOFU FRIT SEL ET POIVRE

Rendement: 4 portions
Préparation: 30 minutes
Cuisson: 15 minutes

Je ne suis pas fan de tofu en général, mais ce plat-là est drôlement addictif, je ne peux jamais me limiter à une portion ! Pour ce qui est du piquant, ça peut varier d'une force de 3/5 à 5/5 selon la quantité de piments thaïs que vous mettrez, n'hésitez pas à ajuster ça selon votre tolérance. - Christina

TOFU FRIT

1 lb (454 g) de tofu ferme ou extra ferme
½ tasse (60 g) de fécule de maïs
⅓ tasse (45 g) de farine tout usage
1 c. à thé de poudre à pâte (levure chimique)
¼ c. à thé de sel
¼ c. à thé de poivre noir moulu

ASSAISONNEMENT (À AJOUTER AU GOÛT)

1 c. à thé de sel
½ c. à thé de poivre noir moulu
¼ c. à thé de poivre blanc moulu

AUTRES INGRÉDIENTS

2 c. à soupe d'huile de canola
4 gousses d'ail hachées
1-3 piments thaïs coupés en rondelles
⅓ tasse (50 g) de poivron rouge en petits dés de 4 mm
⅓ tasse (50 g) de poivron vert en petits dés de 4 mm
¼ tasse (40 g) d'oignon jaune coupé en petits dés de 4 mm
Riz jasmin (accompagnement)
Oignons verts en rondelles (garniture)

1- Couper le tofu en petits cubes de 2-3 cm, puis les mettre entre 2 feuilles de papier absorbant. Presser très légèrement afin de sortir l'excédent d'eau (attention pour ne pas écraser le tofu). Laisser reposer 10 minutes entre les feuilles d'essuie-tout.

2- Dans un bol, mélanger la fécule de maïs, la farine, la poudre à pâte, le sel et le poivre. Mettre ensuite le tofu dans le mélange sec et remuer afin de recouvrir chaque morceau. Les secouer entre les mains pour enlever l'excédent de farine avant de les transférer dans une assiette.

3- Chauffer l'huile de la friteuse à 350 °F (175 °C). Déposer le tofu de manière à couvrir toute la surface du panier. Frire pour environ 2 min 30 s, puis retirer sur un essuie-tout. Frire le reste et garder de côté.

4- Préparer l'assaisonnement en mettant le sel, le poivre noir et le poivre blanc dans un petit bol, puis réserver.

5- Chauffer un wok en acier carbone à feu vif, et lorsqu'on voit un peu de fumée, verser l'huile de canola. Ajouter immédiatement l'ail et les piments thaïs et faire revenir jusqu'à ce que l'ail commence à brunir. **Note importante :** en utilisant un wok ou une poêle avec un recouvrement antiadhésif, il ne faut pas le chauffer au point de le faire fumer. Ceci abîmera le revêtement.

6- Ajouter les poivrons, l'oignon jaune, ainsi qu'une bonne pincée de l'assaisonnement. Faire revenir jusqu'à ce que les légumes commencent à brunir légèrement (environ 2 minutes).

7- Ajouter les morceaux de tofu frits et faire revenir quelques minutes. Saupoudrer de l'assaisonnement au goût (en cas de doute sur la quantité, commencer avec la moitié de l'assaisonnement, le reste pourra être ajouté après). Lorsque le tofu commencera à griller sur les coins, on peut éteindre le feu. Goûter un morceau puis ajouter de l'assaisonnement au besoin.

8- Servir sur du riz jasmin et le parsemer d'oignons verts en rondelles (facultatif).

Scanner pour voir la vidéo de la recette

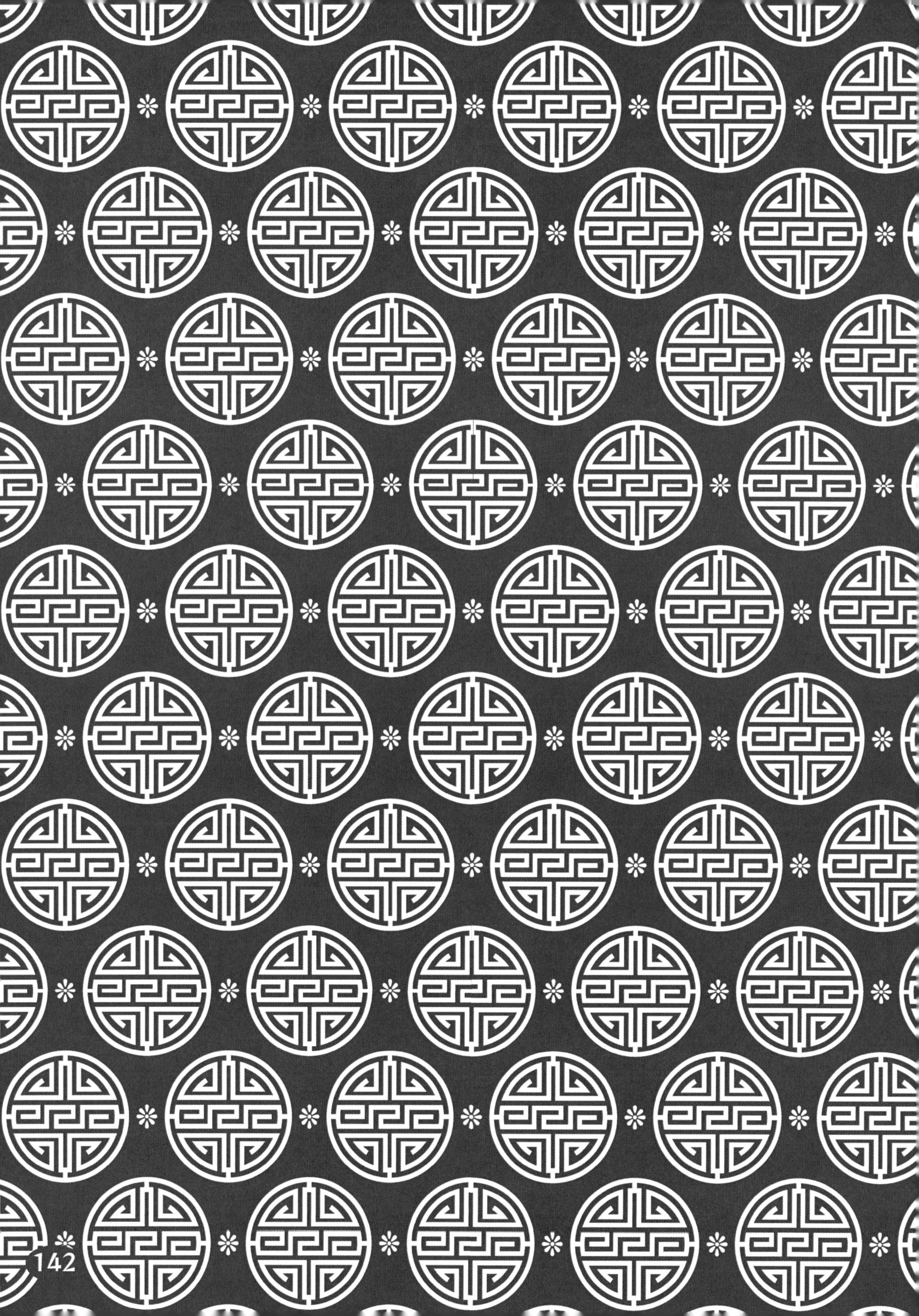

Petites bouchées

BOULES DE POULET

Enfant, j'étais extrêmement difficile en ce qui concerne la nourriture. Cependant, j'ai toujours été comblée par les boules de poulet ! Surtout avec la « sauce aux cerises », c'est un duo qui ne se démode pas avec le temps ! Les versions de buffet ont souvent plus de pâte que de poulet, mais en les préparant soi-même, on obtient un meilleur équilibre tout en étant plus savoureux ! Encore aujourd'hui, je suis incapable de résister à ces merveilleuses petites boules ! - Christina

Rendement: 40 boules
Préparation: 10 minutes
Repos: 30 minutes
Cuisson: 30 minutes

PÂTE

1 tasse (140 g) de farine tout usage
2 c. à soupe de fécule de maïs
1 c. à thé de poudre à pâte (levure chimique)
2 c. à thé de sucre
½ c. à thé de sel
1 œuf large
¾ tasse (185 ml) de lait

MARINADE DU POULET

1 lb (454 g) de poitrines de poulet
1 c. à thé de poudre de bouillon de poulet
1 c. à soupe de sucre
¼ c. à thé de sel
⅛ c. à thé de poivre noir

AUTRES INGRÉDIENTS

⅓ tasse (45 g) de farine tout usage (pour enrober le poulet)
Huile de canola (pour la friture)
Sauce rouge (p. 28) (accompagnement)

1- Mélanger au fouet tous les ingrédients de la pâte dans un gros bol. Remuer jusqu'à ce qu'il n'y ait plus trop de grumeaux. Laisser reposer au réfrigérateur pour 30 minutes.

2- Couper le poulet en petits cubes d'environ 2 cm et le mettre dans un bol. Ajouter tous les ingrédients de la marinade, mélanger, puis mettre au frigo jusqu'à ce que la pâte soit prête.

3- Chauffer l'huile de la friteuse à 340 °F (170 °C).

4- Rouler les morceaux de poulet dans la farine, les secouer pour enlever l'excédent, puis les transférer dans le mélange à pâte.

5- Abaisser le panier de la friteuse dans l'huile avant d'y mettre du poulet. À l'aide de 2 cuillères, déposer quelques boules de poulet dans l'huile, une par une (environ 7 à la fois dans une petite friteuse) et frire pendant 3 minutes. Note : Les boules tomberont au fond de la friteuse et colleront un peu au panier. Je les laisse « accrochées » au panier pour la première minute de cuisson, puis je les décolle pour continuer les 2 minutes de cuisson restantes. Ceci aidera à avoir une couleur plus uniforme.

6- Retirer les boules de poulet sur un papier absorbant. À ce point-ci, la viande n'est pas toujours complètement cuite, il y aura une deuxième cuisson plus tard. Continuer de faire une première cuisson de 3 minutes pour tout le poulet restant.

7- Frire le poulet une deuxième fois dans l'huile à 340 °F (170 °C). Cette fois, on peut remplir le panier de la friteuse plus généreusement, pourvu que l'huile submerge tous les morceaux. Frire pour 2 minutes ou jusqu'à ce que la pâte soit bien dorée. Retirer sur un papier absorbant et servir avec de la sauce rouge.

Scanner pour voir la vidéo de la recette

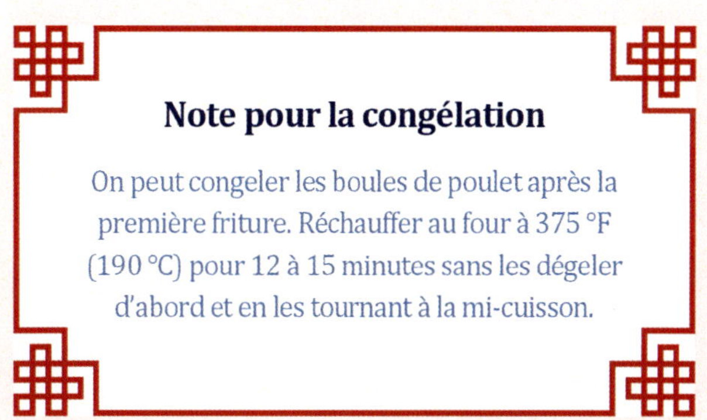

Note pour la congélation

On peut congeler les boules de poulet après la première friture. Réchauffer au four à 375 °F (190 °C) pour 12 à 15 minutes sans les dégeler d'abord et en les tournant à la mi-cuisson.

EGG ROLLS (PÂTÉS IMPÉRIAUX) AU PORC

Les egg rolls, aussi appelés pâtés impériaux, sont un grand classique de la cuisine chinoise québécoise ! L'extérieur du egg roll est bien croustillant tandis que l'intérieur est tendre et juteux. Plutôt que de tremper le pâté dans la sauce, les Québécois préfèrent mettre la sauce aux prunes dessus directement. On suppose que cette habitude est due aux buffets chinois, les gens ne voulaient probablement pas que la sauce touche aux autres aliments dans l'assiette.

Rendement: 24 egg rolls
Préparation: 45 minutes
Cuisson: 45 minutes

INGRÉDIENTS

3 champignons shiitakés séchés
½ lb (227 g) de porc haché mi-maigre
2 c. à soupe de sauce soya claire (à diviser)
5 gousses d'ail hachées finement
1 c. à soupe de gingembre haché finement
½ oignon jaune (75 g) en petits dés
4 tasses (300 g) de chou vert émincé
1 ½ tasse (150 g) de carotte râpée
1 tasse (100 g) de céleri en petits dés
3 c. à soupe de sauce aux huîtres
2 c. à soupe de sucre
½ c. à thé de poivre noir moulu
2 ½ tasses de fèves germées (185 g) coupées en morceaux de 3 cm
1 paquet de pâtes à egg rolls (24)
1 œuf battu (pour sceller les egg rolls)
Huile de canola

Scanner pour voir la vidéo de la recette

1- Tremper les champignons shiitakés séchés dans de l'eau chaude pendant 2 heures pour les réhydrater. Il faudra ensuite bien les essorer en les pressant entre les mains, puis retirer les pieds. Hacher les champignons et réserver.

2- Mélanger la moitié de la sauce soya claire (1 c. à soupe) dans le porc haché et mettre de côté.

3- Dans un wok à feu moyen (250 °F/120 °C), mettre un peu d'huile et faire revenir l'ail et le gingembre pour 30 secondes, ou jusqu'à ce que ça commence à griller.

4- Ajouter l'oignon jaune et continuer de faire sauter pour 2 minutes.

5- Incorporer le porc et le briser en morceaux. Cuire pendant environ 4 à 5 minutes.

6- Incorporer le chou et cuire pour 2 minutes en mélangeant bien.

7- Ajouter les carottes, le céleri, les champignons, la sauce soya claire restante, la sauce aux huîtres, le sucre et le poivre. Continuer de cuire pendant environ 3 minutes.

8- Ajouter les fèves germées, remuer pendant 15 à 30 secondes, puis éteindre le feu.

9- Transférer la farce à egg rolls dans une grande passoire au-dessus d'un bol, puis laisser reposer pendant 30 minutes pour faire sortir le liquide. Vous pouvez presser la farce avec une spatule de silicone pour accélérer le processus. Pour éviter de perdre trop de saveurs, je vous suggère de remettre ce liquide dans le wok et de le faire bouillir quelques minutes. Une fois que ça devient très épais (la consistance ressemblera à de la sauce aux huîtres), réintégrer la sauce à la farce et bien mélanger.

10- Mettre une grosse cuillère de farce (environ 35 g) au centre des feuilles à egg roll. Truc : Peser la totalité de la farce et diviser par 24. De cette manière, on sait exactement combien de grammes il doit y avoir dans chaque pâté.

...suite à la page suivante

11- Badigeonner l'œuf battu sur les contours de la feuille de pâte. Rabattre un premier côté par-dessus la garniture, presser les bouts. Replier le deuxième côté et le presser contre le premier afin de bien sceller le tout. Répéter jusqu'à ce qu'il n'y ait plus de pâte.

12- Chauffer l'huile à 350 °F (175 °C). Mettre quelques egg rolls dans le panier de la friteuse sans le surcharger et plonger dans l'huile. Cuire environ 4 minutes en retournant de temps en temps pour que la couleur soit uniforme.

13- Une fois cuits, déposer les egg rolls sur un papier absorbant, servir avec de la sauce aux prunes (p. 29)!

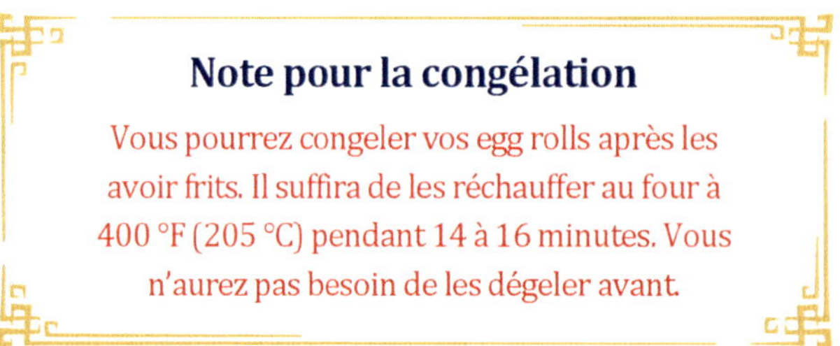

Note pour la congélation

Vous pourrez congeler vos egg rolls après les avoir frits. Il suffira de les réchauffer au four à 400 °F (205 °C) pendant 14 à 16 minutes. Vous n'aurez pas besoin de les dégeler avant.

CRABE RANGOON

Notre version de crabe rangoon est très économique ! J'étais sceptique au début à cause de la fausse chair de crabe, mais je dois dire que ce sont les meilleurs rangoon que j'ai mangés ! Nous avions fait des tests avec du vrai crabe, mais comme il est parfois difficile d'en trouver, nous avions utilisé celui en boîte qui est un peu plus en flocons. Ce fut un désastre, la farce disparaissait carrément durant la friture, haha ! Si vous avez la chance de mettre la main sur de la vraie chair de crabe en morceaux, vous pouvez faire une version « deluxe » de notre recette, mais bien sincèrement, l'imitation de crabe donne un excellent résultat !
- Christina

Rendement: 60 morceaux
Préparation: 45 minutes
Cuisson: 25 minutes

INGRÉDIENTS

1 lb (454 g) d'imitation de chair de crabe
1 brique (250 g) de fromage à la crème (de type Philadelphia)
1-2 oignons verts (20 g) hachés
2 gousses d'ail hachées finement
2 c. à soupe de sauce Worcestershire
1 c. à soupe de sauce thaïe chili sucrée
1 c. à soupe de sauce soya claire
½ c. à thé de poudre d'oignon
½ c. à thé de sucre
⅛ c. à thé de poivre noir moulu
1 paquet d'enveloppes à wonton (60 feuilles)
Huile de canola (pour la friture)

1- Effilocher l'imitation de chair de crabe puis la hacher grossièrement au couteau. Mettre dans un grand bol avec le reste des ingrédients (sauf les feuilles à wonton), puis mélanger à la cuillère jusqu'à ce que tout soit crémeux et homogène.

2- Chauffer l'huile de la friteuse à 375 °F (190 °C).

3- Déposer 1 c. à soupe (environ 15 g) de farce au centre d'une feuille à wonton. Mouiller légèrement les 4 bordures de la pâte avec un peu d'eau, puis plier en pyramide en ramenant les 4 coins ensemble. Bien pincer pour sceller, car cela évitera que la farce sorte durant la cuisson.

4- Frire les pyramides pendant 2 minutes. Dès les premières secondes, elles flotteront à la surface. Il faudra les submerger sous l'huile quelques fois à l'aide de baguettes pour s'assurer que le dessus devienne croustillant et doré.

5- Retirer sur un papier absorbant et servir avec de la sauce thaïe chili sucrée !

Note pour la congélation

On peut les congeler après les avoir frits. Lorsque vous en aurez besoin, vous pourrez les réchauffer au four à 425 °F (220 °C) pendant 6 à 8 minutes ou frire 1 à 2 minutes à 375 °F (190 °C). Dans les 2 cas, il ne sera pas nécessaire de les dégeler avant de les réchauffer.

ROULEAUX IMPÉRIAUX
AU POULET ET CHOU

On vous propose ici une recette de rouleaux impériaux avec peu d'ingrédients et de préparation ! Après tout, lorsqu'on commence à cuisiner 5 à 10 plats différents pour faire un buffet maison, aussi bien y aller des plats qui ne sont pas trop compliqués à faire ! Avec cette recette, vous aurez le choix de faire des rouleaux ou des egg rolls (rectangulaires) ! Ça donne une option de plus si on ne trouve pas la bonne pâte à l'épicerie ! Ces rouleaux sont parfaits à manger avec toutes les sauces de type aigres-douces.

Rendement: 24 rouleaux
Préparation: 45 minutes
Marinade: 10 minutes
Cuisson: 25 minutes

MARINADE DU POULET

½ lb (227 g) de poulet haché
1 c. à soupe de poudre de bouillon de poulet

AUTRES INGRÉDIENTS

5 gousses d'ail hachées
2 lb (908 g) de chou vert émincé
3 c. à soupe de sauce aux huîtres
1 c. à soupe de poudre de bouillon de poulet
1 c. à soupe de poudre d'oignon
1 c. à thé de poivre noir moulu
1 paquet de 24 feuilles de rouleaux impériaux de 6 po/15 cm *
1 œuf battu (pour refermer les rouleaux)
Huile de canola (pour la friture)

*Les feuilles de rouleaux impériaux peuvent se substituer par des enveloppes à egg rolls. Il en faudra aussi 24 et vous pourrez mettre la même quantité de farce à l'intérieur (35 g à 40 g).

1- Dans un bol, mélanger le poulet haché et la poudre de bouillon de poulet et laisser mariner au moins 10 minutes.

2- Chauffer un wok à feu moyen (250 °F/120 °C), mettre un peu d'huile et cuire le poulet en l'émiettant avec une spatule. Au bout d'environ 3 minutes, le poulet sera complètement cuit, le retirer dans un bol.

3- Remettre un peu d'huile et faire revenir l'ail pour 15 à 30 secondes. Lorsqu'il commence à griller un peu, ajouter le chou, la sauce aux huîtres, la poudre de bouillon de poulet, la poudre d'oignon et le poivre noir. Bien mélanger et continuer la cuisson pour 4 à 5 minutes en remuant constamment avec 2 spatules. À noter que le wok sera très plein au début, mais le chou perdra du volume avec la cuisson.

4- Lorsque le chou sera bien ramolli, le transférer dans un tamis au-dessus d'un grand bol. Le presser avec une spatule de silicone pour que le surplus de jus s'écoule dans le bol. Cette étape est préférable, car en gardant trop de liquide dans le chou, la pâte des rouleaux pourrait se détremper un peu plus rapidement, en plus de brûler plus facilement dans la friteuse.

5- Mélanger le poulet cuit au chou et assembler les rouleaux. Placer un carré de pâte avec une des pointes vers le bas. Mettre une bonne cuillère à soupe comble (35 g à 40 g) sur la pâte. Replier la pointe du bas par-dessus la farce et compresser celle-ci légèrement pour faire un rouleau plus compact. Rabattre les côtés gauches et droits vers la farce, puis badigeonner un peu d'œuf battu sur la pointe du haut. Rouler jusqu'en haut pour bien fermer le rouleau. Répéter pour tous les autres.

6- Chauffer l'huile de la friteuse à 375 °F (190 °C). Plonger quelques rouleaux à la fois sans surcharger le panier, puis cuire pour environ 4 minutes. Lorsqu'ils sont bien dorés, les retirer de l'huile et les mettre sur un papier absorbant.

7- Laisser refroidir quelques minutes, puis déguster ! Ces rouleaux se marient très bien aux sauces aigres-douces !

Note pour la congélation

Les rouleaux peuvent être congelés sans les frire d'abord. Directement en les sortant du congélateur, vous pourrez les frire à 375 °F (190 °C) pour 4 minutes. Vous pouvez aussi les congeler après les avoir frits, dans ce cas-là, il faudra les réchauffer au four à 400 °F (205 °C) pour 18 à 20 minutes en les tournant à la mi-cuisson.

1
2
3
4
5
6

CROQUETTES DE POULET
À LA CHINOISE

Il y a souvent des plats non asiatiques dans les buffets chinois, je pense aux pizzas, pâtes italiennes gratinées, viandes fumées, etc. Les restaurants veulent probablement offrir des plats plus communs pour les gens très difficiles. Les croquettes sont le choix numéro 1 des enfants qui ne mangent rien, laissez-moi vous dire que j'en ai profité dans ma jeunesse ! Pour moi, les croquettes de poulet sont un classique et une valeur sûre, mais pour ce livre, on voulait quand même vous proposer une version un peu plus chinoise. On vous confirme qu'elles sont vraiment populaires auprès de nos enfants !
– Christina

Rendement: 24 morceaux
Préparation: 45 minutes
Cuisson: 15 minutes

ASSAISONNEMENT DU POULET

1 lb (454 g) de poulet haché
50 g de mie de pain blanc (2 tranches) broyée au robot
1 ½ c. à thé de gingembre haché finement
1 ½ c. à thé de poudre de bouillon de poulet
1 c. à thé de sauce soya claire
1 c. à thé d'huile de canola
1 c. à thé de poudre d'ail
½ c. à thé de poudre d'oignon
½ c. à thé de poudre de piment chili
⅛ c. à thé de poivre noir moulu

PANURE LIQUIDE

½ tasse (70 g) de farine tout usage
⅓ tasse (40 g) de fécule de maïs
½ c. à thé de poudre d'ail
½ c. à thé de poudre d'oignon
½ c. à thé de poudre à pâte (levure chimique)
¼ c. à thé de sel
⅛ c. à thé de poivre noir moulu
⅛ c. à thé de poivre blanc moulu
⅛ c. à thé de bicarbonate de soude
1 pincée de curcuma
½ tasse + 2 c. à soupe (155 ml) d'eau froide

AUTRES INGRÉDIENTS

¼ tasse (35 g) de farine tout usage
Huile de canola (pour la friture)

1- Dans un grand bol, mettre le poulet ainsi que tous ses assaisonnements, puis remuer jusqu'à ce que le mélange soit homogène.

2- Diviser la viande en 24 morceaux d'environ 20 à 22 g chacun, puis former une petite galette ronde et mince avec chacun d'eux. Vous pouvez vous mouiller les mains avec de l'eau ou de l'huile pour aider au façonnage. Les croquettes gonfleront à la cuisson, il ne faut pas les faire trop épaisses (maximum 1 cm d'épaisseur).

3- Mettre ¼ tasse (35 g) de farine tout usage dans un bol et y rouler les morceaux de poulet un par un. Les secouer pour retirer l'excédent et les étaler sur une plaque couverte d'un papier parchemin. Mettre la plaque au congélateur pour 30 minutes afin de raffermir la viande.

4- Dans un nouveau bol, mélanger tous les ingrédients secs de la panure liquide. Ajouter ensuite l'eau et remuer au fouet jusqu'à ce qu'il n'y ait plus de grumeaux. Garder au réfrigérateur le temps que le poulet soit prêt.

5- Préchauffer l'huile de la friteuse à 350 °F (175 °C).

6- Abaisser le panier de la friteuse avant d'y mettre le poulet, il collera moins au grillage du panier de cette manière. Sortir le poulet du congélateur et tremper 6 morceaux à la fois dans la panure liquide. Prendre un morceau de poulet à l'aide d'une cuillère, l'égoutter un peu. À l'aide d'une deuxième cuillère, pousser la croquette dans l'huile. Répéter pour les 5 autres, puis frire pour 3 minutes. Note : Assurez-vous d'aller décoller les croquettes du grillage dans les 15 à 20 premières secondes pour éviter de briser la panure.

7- Une fois que les croquettes sont cuites, les retirer sur un papier absorbant et frire le reste.

8- Frire les croquettes une deuxième fois, toujours à 350 °F (175 °C), cette fois-ci pendant 1 minute. Ceci fera une panure très croustillante !

9- Servir avec la sauce de votre choix, mais on vous suggère de mélanger de la mayonnaise et de la sauce sriracha, c'est excellent !

Note pour la congélation

Si vous voulez en préparer pour en congeler, vous pouvez faire seulement la première friture de 3 minutes, puis les congeler. Vous pourrez les sortir du congélateur et les mettre directement dans l'huile à 350 °F (175 °C) pour 5 minutes, OU au four à 375 °F (190 °C) pour 10 à 12 minutes, ou jusqu'à ce qu'elles redeviennent croustillantes.

CUISSES DE GRENOUILLES FRITES

J'adore les cuisses de grenouilles depuis ma petite enfance ! Je ne peux pas m'empêcher d'en prendre dans les restaurants à volonté lorsque j'en vois ! Nous avons donc voulu créer une recette rapide et facile à faire pour vos buffets maison ! Elle offrira des saveurs très accessibles et douces en même temps ! Je vous le dis, cette protéine blanche deviendra un autre bon classique chez vous ! - Quy Tâm

Rendement: 12-24 morceaux
Préparation: 10 minutes
Marinade: 30 minutes
Cuisson: 10 minutes

MARINADE

1,5 lb (680 g) de cuisses de grenouilles (environ 12 paires)
1-2 échalotes françaises (30 g) hachées
1 c. à soupe de sauce soya claire
1 c. à soupe de vin de cuisson Shaoxing
1 c. à soupe de sauce aux huîtres
1 c. à soupe de fécule de maïs

PANURE

⅔ tasse (80 g) de fécule de maïs
2 c. à thé de sucre
½ c. à thé de poudre d'ail
¼ c. à thé de sel
¼ c. à thé de poivre noir moulu
¼ c. à thé de poivre blanc moulu

AUTRE

Huile de canola (pour la friture)

1- Pour faire une plus grande quantité de bouchées, séparer les paires de cuisses en deux en tranchant au milieu de la colonne vertébrale, vous pouvez aussi les laisser entières. Mettre dans un bol avec tous les ingrédients de la marinade, bien mélanger et laisser mariner 30 minutes au réfrigérateur.

2- Dans un bol séparé, mélanger tous les ingrédients de la panure et réserver.

3- Préchauffer l'huile de la friteuse à 350 °F (175 °C).

4- Rouler les cuisses de grenouilles une par une dans la panure, puis secouer pour enlever le surplus. Mettre dans la friteuse, sans surcharger le panier, et cuire pour 5 minutes. Retirer ensuite sur un papier absorbant et saler au goût.

5- Servir tel quel ou avec la sauce de votre choix !

Note pour la congélation

Il est possible de réfrigérer ou congeler les cuisses de grenouilles après la friture. La meilleure option pour les réchauffer est la friteuse. On plonge quelques cuisses à la fois dans l'huile à 350 °F (175 °C), directement à la sortie du congélateur, et on les cuit pour environ 2 minutes. La panure redeviendra très croustillante et la viande restera tendre. Vous pourriez aussi les mettre au four à 425 °F (220 °C) pour environ 12 minutes, mais la panure sera moins croustillante et la viande plus sèche.

DUMPLINGS SICHUANAIS
AU PORC

Rendement: 50-60 dumplings
Préparation: 45 minutes
Marinade: 30 minutes
Cuisson: 20 minutes

Les dumplings ont toujours eu une place de choix dans les buffets chinois ! Dans notre premier livre, nous vous avions présenté les gyozas (dumplings japonais). Cette fois-ci, nous vous offrons quelque chose de plus robuste en saveurs pour apporter plus de variétés dans vos repas ! Ce qui fait le charme des dumplings sichuanais, c'est la sauce. Vous verrez, elle est incroyable ! - Quy Tâm

DUMPLINGS

1 lb (454 g) de porc haché mi-maigre
1 œuf
2 oignons verts (30 g) hachés
4 gousses d'ail hachées finement
2 c. à thé de gingembre haché finement
2 c. à thé de vin de cuisson Shaoxing
1 c. à thé de poivre du Sichuan rouge moulu
½ c. à thé d'huile de sésame
½ c. à thé de sucre
½ c. à thé de sel
⅛ c. à thé de poivre blanc moulu
1 paquet d'enveloppes à dumplings (50-60 feuilles)

SAUCE

½ tasse + 1 c. à soupe (125 g) de cassonade dorée
½ tasse (125 ml) de sauce soya claire
½ tasse (125 ml) d'eau
¼ tasse (65 ml) d'huile de chili croquante
2 oignons verts (30 g) hachés
2 gousses d'ail hachées
2 c. à thé de gingembre haché
2 c. à thé de poivre du Sichuan rouge moulu
1 anis étoilé moulu
1 pincée de cannelle moulue
2 c. à soupe de vinaigre noir

1- Dans un grand bol, mettre tous les ingrédients de la farce à dumplings (sauf les enveloppes). Bien mélanger pour répartir le tout, mais ne pas trop brasser, car la farce deviendra trop compacte. Laisser reposer 30 minutes au réfrigérateur.

2- Pendant ce temps, préparer la sauce en mettant tous les ingrédients (sauf le vinaigre noir) dans une casserole. Chauffer à feu fort, et dès que ça bout, baisser à feu moyen. Laisser mijoter sans couvercle pendant 5 minutes. Retirer ensuite du feu et ajouter le vinaigre noir. Bien mélanger, puis garder de côté.

3- Remplir une grande casserole d'eau et chauffer à feu fort en prévision de la cuisson des dumplings.

4- Assembler les dumplings en mettant une petite quantité de farce au centre (environ 2 à 3 c. à thé). Mouiller légèrement les contours de la pâte avec de l'eau et le plier en deux. Bien presser la bordure, et répéter pour tous les autres.

5- Plonger les dumplings dans l'eau bouillante (en 2 ou 3 fois pour éviter de surcharger la casserole). Lorsqu'ils commencent à flotter, compter 5 minutes pour les cuire complètement.

6- Les sortir de l'eau à l'aide d'une passoire araignée, bien les égoutter et les mettre dans un bol ou une assiette creuse. Verser la sauce sur les dumplings, mélanger et servir !

Note 1

Il est possible d'utiliser de l'huile de chili maison (p. 32), mais il faudra en mettre la moitié moins (2 c. à soupe au lieu de ¼ tasse). Pour une version non piquante, ne pas mettre d'huile de chili tout simplement.

Note 2 (congélation)

Les dumplings peuvent se garder crus au réfrigérateur, il faudra les faire bouillir comme mentionné dans la recette, puis chauffer la sauce séparément. Il est aussi possible de cuire les dumplings et de les mélanger avec la moitié de la sauce avant de les réfrigérer. La deuxième moitié pourra être réfrigérée séparément. Le lendemain, les dumplings pourront être réchauffés au micro-ondes. La sauce restante sera réchauffée au micro-ondes ou dans une casserole avant d'être versée sur les dumplings chauds. Les dumplings cuits peuvent être congelés (mélangés ou non à la sauce), pour ensuite être réchauffés au micro-ondes en les ayant d'abord fait dégeler. La pâte pourrait être un peu plus molle si les dumplings sont cuits avant réfrigération ou congélation.

Scanner pour voir la vidéo de la recette

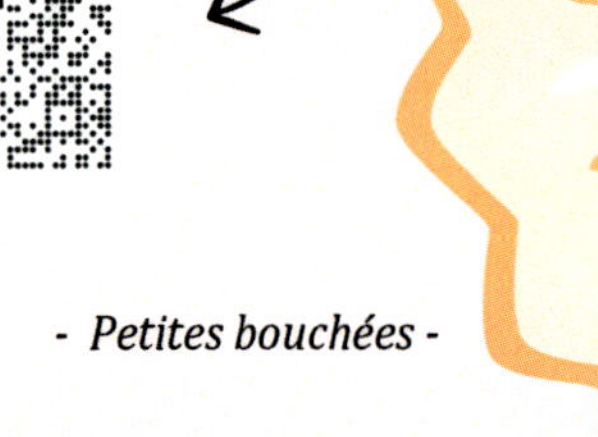

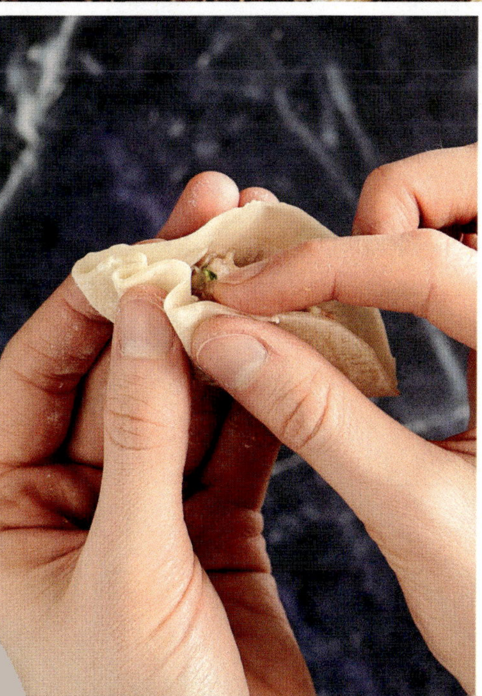

CURRY PUFF CHINOIS

J'ai découvert les curry puffs durant mes études universitaires ! Il y avait une pâtisserie asiatique à proximité de l'université Concordia où j'allais souvent acheter des curry puffs ! J'adorais le goût de beurre de la pâte feuilletée, accompagné par le goût ultra « punché » de la garniture de viande ! C'est donc un petit clin d'œil à mon passé que nous faisons en vous partageant notre recette de curry puffs ! La seule chose que nous avons changée, c'est que nous faisons un format plus petit que ce qui est vendu dans les magasins. Ce format fera des bouchées parfaites à partager ! - Quy Tâm

Rendement: 36 feuilletés
Préparation: 30 minutes
Repos: 1 heure
Cuisson: 30 minutes

INGRÉDIENTS

2 c. à soupe d'huile de canola
1 oignon jaune moyen (150 g) en très petits dés
4 gousses d'ail hachées
1 lb (454 g) de bœuf haché
1 ½ c. à soupe de poudre de curry de Madras
1 c. à soupe de sucre
1 c. à thé de cumin moulu
1 c. à thé de curcuma moulu
1 c. à thé de sel
¼ c. à thé de poivre noir moulu
½ tasse (125 ml) de bouillon de bœuf
1 c. à soupe de fécule de maïs
2 paquets de pâte feuilletée (ayant chacun 2 feuilles de 10 po par 10 po)

POUR LA DORURE

1 œuf
1 c. à soupe d'eau

1- Dans un wok à feu moyen-élevé (300 °F/150 °C), mettre l'huile de canola et faire revenir l'oignon et l'ail jusqu'à ce que l'oignon devienne légèrement transparent (environ 3 minutes).

2- Ajouter le bœuf et bien l'émietter avec une spatule. Cuire environ 3 minutes.

3- Réduire à feu moyen (250 °F/120 °C) et ajouter la poudre de curry, le sucre, le cumin, le curcuma, le sel et le poivre noir. Mélanger pendant 1 minute.

4- Dans une tasse à mesurer, mélanger le bouillon de bœuf et la fécule de maïs. L'ajouter ensuite au wok et remuer jusqu'à épaississement. Éteindre le feu, goûter le mélange et ajuster la quantité de curry au besoin.

5- Transférer la farce dans un bol et laisser refroidir sur le comptoir ou au réfrigérateur. Au même moment, sortir la pâte feuilletée du congélateur. Dégeler les feuilles selon les instructions sur l'emballage, faites attention à ne pas trop les dégeler, ce sera difficile à travailler et ne gonfleront pas autant à la cuisson !

6- Dans un petit bol, battre l'œuf avec un peu d'eau et réserver.

7- Préchauffer le four à 400 °F (205 °F).

8- Couper chaque feuille de pâte en 9 carrés égaux (environ 3,3 po/8,5 cm).

9- Déposer une petite cuillère de farce au centre de la pâte (environ 15-18 g) et plier en deux. Presser les bordures avec une fourchette et placer les curry puffs sur une plaque à biscuit couverte d'un papier parchemin.

10- Badigeonner la dorure sur les feuilletés, puis les mettre au four pour 16 à 18 minutes si vous voulez qu'ils ne soient pas trop dorés. Ceci permettra de les réfrigérer ou les congeler pour les repasser au four une autre journée. Si c'est pour manger immédiatement, il faudra les cuire de 20 à 23 minutes ou jusqu'à ce qu'ils soient bien dorés.

11- Laisser refroidir 5 à 10 minutes avant de déguster !

Scanner pour voir la vidéo de la recette

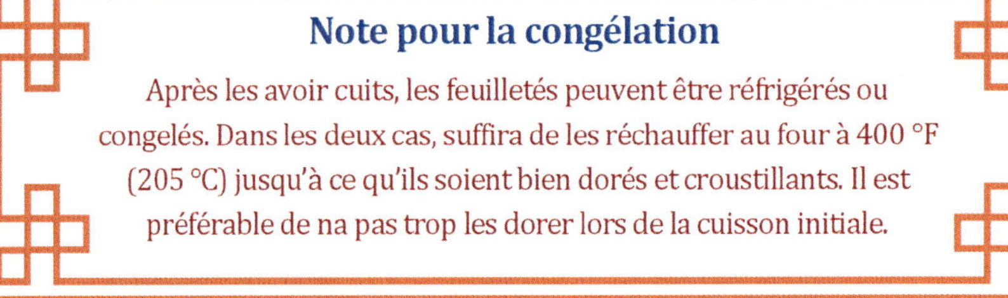

Note pour la congélation

Après les avoir cuits, les feuilletés peuvent être réfrigérés ou congelés. Dans les deux cas, suffira de les réchauffer au four à 400 °F (205 °C) jusqu'à ce qu'ils soient bien dorés et croustillants. Il est préférable de na pas trop les dorer lors de la cuisson initiale.

PAINS AU LAIT AVEC SAUCISSE

Ces petits pains sont aussi bons que beaux ! Avec la version chinoise de ce plat, on utiliserait des saucisses chinoises, mais comme on voulait rendre ça accessible et plus adapté aux goûts d'ici, nous utilisons de la saucisse à hot-dog. D'ailleurs, c'est cette version plus « américanisée » qui est souvent offerte dans les marchés asiatiques du Québec. Les pains sont très moelleux et aérés, ce sont des petites bouchées qui seront très populaires lors de vos buffets à la maison !

Rendement: 24 pains
Préparation: 1 heure
Repos: 2 heures 20 minutes
Cuisson: 15 minutes

ROUX

½ tasse (125 ml) de lait
¼ tasse (35 g) de farine tout usage

PÂTE

¾ tasse (185 ml) de lait froid
1 œuf large
3 tasses (420 g) de farine tout usage
1 c. à soupe (11 g) de levure instantanée
3 c. à soupe (40 g) de sucre
1 c. à thé (8 g) de sel
¼ tasse (60 g) de beurre mou

AUTRES INGRÉDIENTS

12 saucisses à hot-dog coupées en 2 sur la largeur
1 œuf
1 c. à thé d'eau
2 c. à thé de graines de sésame blanches
1 c. à soupe de beurre fondu

Scanner pour voir la vidéo de la recette

1- Préparer le roux en mélangeant le lait et la farine dans une petite casserole. Chauffer à feu moyen et remuer jusqu'à épaississement, puis retirer du feu.

2- Dans un bol, mélanger le lait froid et l'œuf. Intégrer le roux et mélanger au fouet.

3- Dans un grand bol ou dans le récipient d'un robot de type KitchenAid, mettre la farine tout usage, la levure et le roux préparé à l'étape précédente. Mélanger à la cuillère jusqu'à ce qu'il n'y ait plus de farine sèche, puis couvrir d'un linge pour laisser reposer 20 minutes.

4- Retirer le linge, puis ajouter le sucre et le sel. Pétrir au robot avec le crochet à pâte pour 8 minutes à vitesse moyenne, ou à la main pour 12 à 15 minutes.

5- Ajouter le beurre mou et continuer le pétrissage jusqu'à ce que ce soit homogène.

6- Former une boule avec la pâte et la déposer dans un bol huilé. Couvrir d'une pellicule de plastique et laisser gonfler environ 1 heure, la pâte devrait doubler.

7- Déposer la boule de pâte sur une surface farinée et faire sortir l'air en pesant avec les doigts. Diviser en 24 morceaux égaux, puis former une boule avec chacun d'eux.

8- À l'aide d'un rouleau, aplatir les boules pour en faire des ovales d'environ 5 mm d'épaisseur. Rouler la pâte de sorte à faire un cylindre et pincer la bordure pour qu'il ne se déroule pas. Continuer de rouler pour obtenir une longueur d'environ 15 à 20 cm, les extrémités doivent être plus minces que le centre.

9- Enrouler la pâte autour d'une demi-saucisse, puis déposer sur une plaque à biscuit couverte de papier parchemin. Couvrir ensuite d'une pellicule de plastique, puis laisser reposer 45 minutes à 1 heure, idéalement dans le four (éteint) avec la lumière allumée.

10- Une fois la pâte bien gonflée, sortir les plaques du four, et préchauffer le four à 375 °F (190 °C).

11- Mélanger l'œuf et l'eau dans un petit bol, puis badigeonner chacun des petits pains. Parsemer ensuite de graines de sésame blanches, puis cuire une plaque à la fois pendant 12 à 13 minutes.

12- À la sortie du four, badigeonner de beurre fondu et déguster !

1
2
3
4
5
6

CALMAR FRIT

Aussi loin que je puisse m'en rappeler, mes parents et moi prenions presque toujours une assiette de calmars frits au restaurant de dim sum ! C'est un plat iconique qui se distingue par son look et sa couleur ! Il s'agit d'une recette très simple, mais qui marie si bien la texture du calmar avec la panure croustillante qui est frite ! Dites-vous que si ce classique a perduré au travers des décennies, c'est qu'il y a quelque chose qui fonctionne vraiment et qui ramène la foule vers lui ! - Quy Tâm

Rendement: 4 portions entrées
Préparation: 5 minutes
Repos: 30 minutes
Cuisson: 10 minutes

PANURE

⅓ tasse (40 g) de fécule de maïs
3 c. à soupe (25 g) de farine tout usage
¼ c. à thé de poudre à pâte
¼ c. à thé de sel
¼ c. à thé de bicarbonate de soude
2 c. à thé de sauce de poisson (la marque Squid)
⅛ c. à thé de poivre blanc
⅓ tasse (85 ml) d'eau froide

AUTRES INGRÉDIENTS

0,66 lb (300 g) de tentacules de calmar
⅓ tasse (40 g) de fécule de maïs
Huile de canola

SAUCE TREMPETTE

2 c. à soupe de sauce soya claire
2 c. à soupe de vinaigre noir
Huile de chili croquante

1- Bien mélanger tous les ingrédients de la panure, puis laisser reposer au réfrigérateur 30 minutes.

2- Combiner les ingrédients de la sauce dans un petit bol, remuer et réserver.

3- Dégeler les tentacules de calmar sous l'eau froide, puis les couper à la base afin de les séparer.

4- Mettre de l'huile dans un wok en acier carbone ou dans une grande casserole. Amener la température de l'huile entre 350 °F (175 °C) et 375 °F (190 °C).

5- Mettre quelques tentacules dans de la fécule de maïs et bien les enrober. Les transférer dans la panure, puis dans l'huile. Cuire 1 minute et demie à 2 minutes maximum. Si la panure n'est pas assez croustillante au bout de 2 minutes, cuire un peu plus longtemps ou monter légèrement la température de l'huile. Attention de ne pas trop cuire, le calmar deviendra un peu coriace !

Truc pour la cuisson : À partir du moment où l'on dépose le premier morceau de calmar dans l'huile, on démarre une minuterie de 2 minutes. On ajoute ensuite le maximum de morceaux qu'on peut en 30 secondes. Il faut les mettre dans l'huile un à la fois. De cette manière, chaque morceau aura au minimum 1 minute et demie de cuisson, et maximum 2 minutes.

6- Attendre que l'huile remonte à la bonne température, puis répéter jusqu'à ce qu'il n'y ait plus de calmar. Déguster ensuite avec la sauce trempette !

Note 1

Pour une texture un peu plus tendre, vous pouvez mélanger ½ c. à thé de bicarbonate de soude au calmar et laisser mariner pendant 20 à 30 minutes. Vous n'aurez pas à rincer le calmar sous l'eau avant de le mettre dans la panure pour le frire.

Note 2

Vers la fin de la cuisson, le mélange de panure pourrait s'être épaissi un peu. On peut ajouter quelques millilitres d'eau froide pour la rendre plus liquide.

Note 3 (congélation)

La meilleure option pour réchauffer est en les faisant frire à nouveau (sans les dégeler d'abord), à 350 °F (175 °C) pour 45 secondes. Vous pouvez aussi les réchauffer au four à 400 °F (205 °C) pour 10 à 12 minutes, mais ce sera un peu moins croustillant.

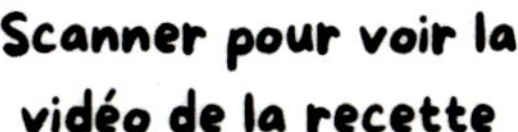

BRIOCHES VAPEUR AU POULET CHAR SIU

On trouve que les brioches vapeur sont toujours mystérieuses et excitantes, on ne sait jamais quelle garniture il y aura à l'intérieur ! Avec cette version, on ne se trompe pas. Tout le monde aime le poulet et la saveur de BBQ chinois, ça en fait un plat parfait pour servir dans un buffet à la maison.

Rendement: 18 brioches
Préparation: 1 heure
Repos: 30 minutes
Cuisson: 25 minutes

MARINADE DU POULET

1 lb (454 g) de hauts de cuisses de poulet désossés
⅓ tasse (50 g) de cassonade dorée
1 ½ c. à soupe de vin de cuisson Shaoxing
1 ½ c. à soupe de sauce soya claire
1 c. à soupe de sauce hoisin
1 c. à soupe de sauce aux huîtres
1 ½ c. à thé de poudre 5 épices chinoises
1 c. à thé de poudre de betterave
1 cube de tofu rouge fermenté (15 g)
½ c. à thé du jus de tofu rouge fermenté

POUR ÉPAISSIR LA SAUCE

½ tasse (125 ml) d'eau
2 c. à soupe de fécule de maïs

AUTRES INGRÉDIENTS

1 sachet de farine pour brioches vapeur
Huile de canola

1- Mélanger le poulet à tous les ingrédients de la marinade et laisser mariner 30 minutes au réfrigérateur.

2- Chauffer une poêle à feu moyen et mettre un petit peu d'huile. Égoutter les morceaux de poulet pour les mettre dans la poêle et réserver la marinade, elle servira à faire la sauce. Cuire le poulet complètement en le laissant griller des 2 côtés. La cuisson devrait prendre environ 5 à 7 minutes. Une fois cuits, retirer les morceaux sur une planche à découper.

3- Couper les morceaux de poulet en petits cubes de 5-7 mm, réserver.

4- Dans le bol avec la marinade, ajouter l'eau et la fécule de maïs et bien remuer. Verser dans la poêle à feu moyen-élevé et y ajouter la viande coupée. Remuer constamment jusqu'à épaississement, puis retirer dans un bol pour laisser refroidir.

5- Préparer la pâte à brioche en suivant les instructions sur l'emballage, puis diviser en 18 morceaux. Former une boule avec chacun d'eux.

6- Faire des disques avec chaque boule de pâte, puis déposer environ 2 c. à soupe (30 g) de farce au centre. Replier la pâte vers le haut en faisant des plis, puis pincer le dessus pour bien sceller. Déposer la brioche sur un carré de papier parchemin (papier cuisson) d'environ 3 po/7,5 cm, puis déposer dans un cuiseur vapeur.

7- Cuire à la vapeur à température moyenne élevée pour 15 minutes. Retirer ensuite du cuiseur et déguster !

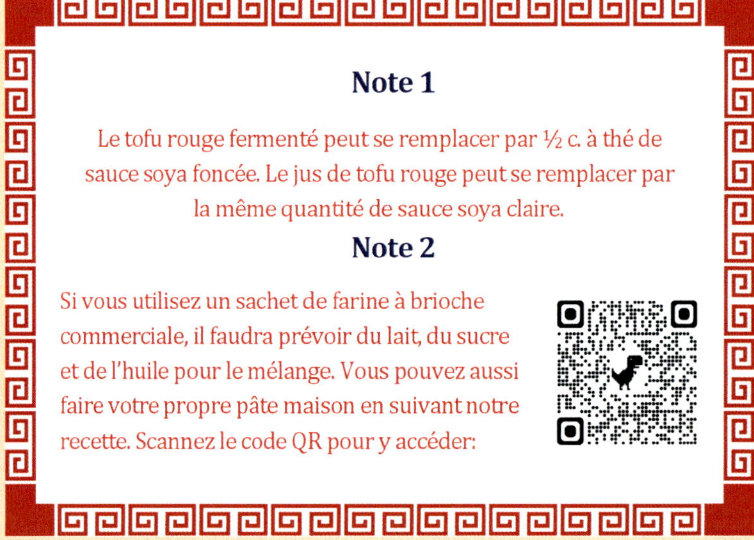

Note 1

Le tofu rouge fermenté peut se remplacer par ½ c. à thé de sauce soya foncée. Le jus de tofu rouge peut se remplacer par la même quantité de sauce soya claire.

Note 2

Si vous utilisez un sachet de farine à brioche commerciale, il faudra prévoir du lait, du sucre et de l'huile pour le mélange. Vous pouvez aussi faire votre propre pâte maison en suivant notre recette. Scannez le code QR pour y accéder:

Scanner pour voir la vidéo de la recette

SAUCISSES À LA SAUCE SUCRÉE

Les saucisses en sirop sont un grand classique des buffets chinois québécois, même si le seul élément asiatique de cette recette est la sauce soya ! Je dois l'avouer, encore aujourd'hui, je ne peux pas m'empêcher de mettre 2-3 bouts de saucisses dans mon assiette lorsqu'on va au restaurant. Et quand on en fait à la maison, Quy Tâm s'en prend toujours un bon gros bol. À chaque saucisse qu'il prend, je peux l'entendre rire en disant « tellement pas asiatique, mais maudit que c'est bon ! » -Christina

Rendement: 72 morceaux
Préparation: 5 minutes
Cuisson: 10 minutes

PÂTE

24 saucisses à hot-dog
2 tasses (500 ml) d'eau
2 tasses (350 g) de cassonade dorée (non compactées)
3 gousses d'ail hachées très finement
4 c. à soupe de sauce soya claire
1 c. à soupe de sauce soya foncée
2 c. à soupe de miel

POUR ÉPAISSIR

4 c. à thé de fécule de maïs
⅓ tasse (85 ml) d'eau

1- Couper les saucisses en 3 morceaux égaux et réserver.

2- Dans une casserole, mélanger l'eau, la cassonade, l'ail, la sauce soya claire et foncée et le miel. Chauffer à feu fort pour amener à ébullition.

3- Ajouter les saucisses et ramener à ébullition. Une fois que ça bout, baisser à feu doux moyen, couvrir et laisser mijoter 5 minutes.

4- Dans un bol séparé, mélanger la fécule de maïs et l'eau. Une fois les 5 minutes de mijotage terminées, verser le mélange dans la casserole, puis monter à feu fort tout en remuant jusqu'à épaississement. Continuer de cuire pendant 2 minutes en remuant de temps en temps.

5- Éteindre le feu, les saucisses sont prêtes !

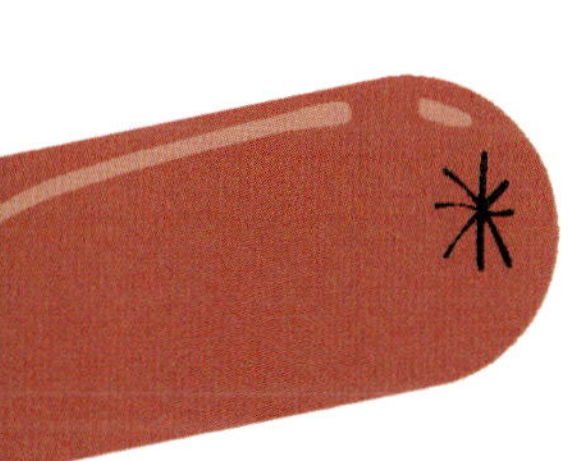

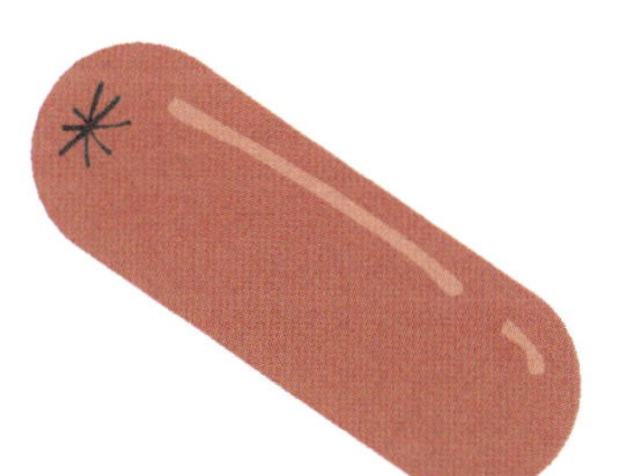

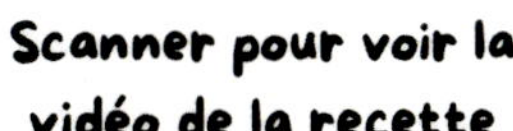

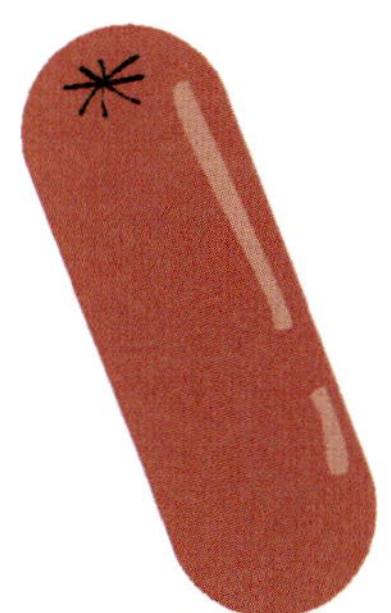

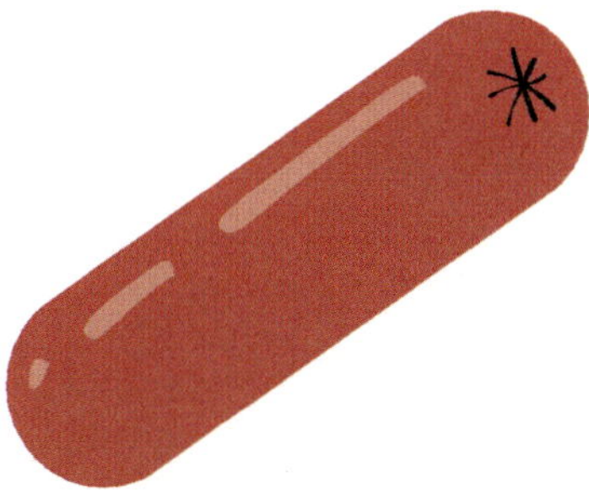

RONDELLES D'OIGNONS

On s'entend que des rondelles d'oignons, ce n'est pas très asiatique à la base. Pourtant, on en retrouve dans tous les buffets chinois puisque c'est peu dispendieux pour les restaurants, en plus d'être facile et rapide à faire. Comme c'est un plat très populaire, nous vous avons créé une bonne petite recette, on sait que ce sera un bel ajout à votre buffet maison !

Rendement: 30 morceaux
Préparation: 10 minutes
Cuisson: 20 minutes

INGRÉDIENTS

2 oignons jaunes (300 g)
¾ tasse (105 g) de farine tout usage (et un peu plus pour enrober les oignons)
1 c. à soupe de poudre de bouillon de poulet
2 c. à thé de poudre d'oignon
1 c. à thé de sucre
½ c. à thé de poudre à pâte (levure chimique)
¼ c. à thé de poudre de piment chili
⅛ c. à thé de poivre noir moulu
¾ tasse moins 1 c. à soupe (170 ml) de bière ou d'eau froide
Huile de canola (pour la friture)

1- Préchauffer la friteuse à 375 °F (190 °C).

2- Couper les oignons en rondelles d'une épaisseur d'environ 5-7 mm. Garder seulement les rondelles ayant au moins 3 cm de diamètre et les mettre dans un bol. Ajouter un peu de farine (environ 1 c. à soupe) et bien remuer pour enrober les oignons, puis réserver.

3- Dans un bol séparé, mélanger tous les ingrédients secs, puis ajouter la bière ou l'eau. Bien remuer au fouet jusqu'à ce qu'il n'y ait plus de grumeaux.

4- Mettre 3 à 5 rondelles d'oignons à la fois dans le mélange liquide et bien les enrober. Abaisser d'abord le panier de la friteuse dans l'huile, prendre une rondelle avec des baguettes ou des pinces et l'égoutter un peu. Plonger la rondelle dans l'huile en la tenant pour 2-3 secondes, elle commencera à flotter et les prochaines pourront être ajoutées. Si une rondelle touche le fond du panier, simplement la décoller en la poussant un peu dans les premières secondes de cuisson évitera qu'elle ne reste collée au grillage du panier.

5- Frire les rondelles d'oignon environ 2 minutes en les tournant à la mi-cuisson. Lorsqu'elles sont dorées à votre goût, retirer, égoutter et transférer sur un papier absorbant.

6- Répéter pour les rondelles restantes, puis c'est prêt !

Note 1

Si vous décidez de faire le mélange à pâte avec de la bière, vous obtiendrez un résultat plus goûteux et la pâte gonflera un peu plus aussi. Les rondelles deviendront dorées plus vite aussi à cause du sucre dans la bière. Pour cette recette, on vous suggère fortement d'utiliser de l'huile de canola neuve pour la friture, ça fera des rondelles moins grasses.

Note 2 (congélation)

Il faut d'abord frire les rondelles en diminuant le temps légèrement (60-90 secondes au lieu de 2 minutes). Étaler les rondelles sur une plaque avant de les congeler, puis une fois durcies, les transférer dans un sac de congélation. Pour les réchauffer, le mieux est de les frire à 350 °F (175 °C) pour 1 minute. Vous pouvez aussi les mettre au four à 400 °F (205 °C) pour 8 minutes en les tournant à la mi-cuisson. Dans les 2 cas, il n'est pas nécessaire de les dégeler d'abord.

CREVETTES BANG BANG

Ces belles petites crevettes panées gardent leur côté croustillant très longtemps, elles sont vraiment parfaites pour un buffet à la maison ! La sauce bang bang est en fait une mayonnaise légèrement salée, sucrée, piquante et acidulée. D'ailleurs, vous pourrez vous amuser à doser chaque ingrédient de la sauce comme vous le souhaitez. Des petites recettes faciles comme ça avec peu de préparation, on aime ça !

Rendement: 4 portions
Préparation: 15 minutes
Marinade: 15 minutes
Cuisson: 10 minutes

MARINADE DES CREVETTES

24 crevettes (calibre 26-30) décortiquées, sauf le bout de la queue
1 échalote française (30 g)
½ c. à thé de poudre d'ail
½ c. à thé de sel
¼ c. à thé de poivre noir moulu
⅛ c. à thé de poivre blanc moulu

PANURE (DANS 3 BOLS SÉPARÉS)

¼ tasse (35 g) de farine tout usage
2 œufs larges battus
¾ tasse (65 g) de chapelure Panko

AUTRE

Huile de canola (pour la friture des crevettes)

SAUCE BANG BANG

¼ tasse (65 ml) de mayonnaise (de type Hellmann's)
1 ½ c. à soupe de sriracha
1 c. à soupe de sauce chili thaïe sucrée
1 ½ c. à thé de jus de lime frais
1 c. à thé de sauce soya japonaise (la marque Kikkoman)
½ c. à thé de sucre
¼ c. à thé de poudre d'oignon
⅛ c. à thé de poudre d'ail
Sel au goût

1- Dans un bol, mélanger les crevettes avec tous les ingrédients de la marinade, et laisser mariner 15 à 30 minutes au réfrigérateur.

2- Mettre la farine tout usage, les œufs battus et la chapelure panko dans 3 bols séparés, puis réserver.

3- Mélanger tous les ingrédients de la sauce bang bang dans un petit bol. Goûter pour l'ajuster au besoin, puis garder de côté.

4- Préchauffer l'huile de la friteuse à 375 °F (190 °C).

5- Prendre une crevette par le bout de la queue et la tourner dans la farine. Secouer légèrement pour enlever le surplus, puis tremper dans l'œuf. Rouler ensuite dans le panko et déposer dans une assiette. Répéter pour toutes les crevettes.

6- Mettre quelques crevettes à la fois dans la friteuse et frire pour environ 2 minutes. Retirer ensuite sur un papier absorbant.

7- Servir les crevettes avec la sauce bang bang et déguster !

Note pour la congélation

Les crevettes peuvent être frites puis congelées. On suggère de frire un peu moins longtemps pour ne pas trop colorer la panure. Les crevettes pourront être réchauffées au four à 400 °F (205 °C) pour 10 à 12 minutes, sans les dégeler d'abord. La sauce ne se congèle pas.

SAMOUSSAS ASIATIQUES
AU POULET ET PATATE DOUCE

Ces petites bouchées sont dangereusement addictives ! Le côté crémeux et sucré des patates douces vous comblera, et le piquant de la poudre de curry vient parfaitement rehausser le tout ! Ce plat fait partie des incontournables à toujours avoir au congélateur, ça fait un superbe accompagnement à sortir à la dernière minute !

Rendement: 60 samoussas
Préparation: 1 h 15 min.
Cuisson: 40 minutes

FARCE
1 lb (454 g) de hauts de cuisses de poulet désossés
1 lb (454 g) de patates douces
1 oignon jaune (150 g) en petits dés
1 c. à soupe de poudre curry de Madras
½ c. à thé de sel
1 ½ c. à soupe de sauce soya claire
1 c. à soupe de sauce de poisson (la marque Squid)
1 c. à soupe de sucre
1 c. à thé de sauce sriracha
1 ½ c. à soupe de tiges de coriandre hachées

POUR ÉPAISSIR
1 c. à soupe de fécule de maïs
2 c. à soupe d'eau

AUTRES INGRÉDIENTS
15 feuilles de rouleaux impériaux de 10 po/25 cm
1 œuf battu (pour sceller la pâte)
Huile de canola

1- Couper les patates douces en dés et les cuire à la vapeur (à feu moyen-élevé) pour 15 minutes. Il faut être capable de piquer facilement les cubes de patates avec une fourchette, mais les coins doivent être encore pointus. Retirer du feu et réserver.

2- Hacher le poulet avec un couteau de boucher. Vous pouvez faire des morceaux plus grossiers ou plus fins. Vous pouvez également faire la recette avec du poulet déjà haché, mais ce sera un peu plus sec.

3- Chauffer le wok à feu moyen (250 °F/120 °C) et mettre un peu d'huile (1 c. à soupe). Ajouter l'oignon et faire revenir jusqu'à ce qu'il commence à brunir, soit environ 2 minutes.

4- Ajouter le poulet, la poudre de curry et le sel, puis mélanger environ 4 minutes.

5- Incorporer les patates douces, la sauce soya, la sauce de poisson, le sucre et la sauce sriracha et bien mélanger. Cuire environ 3 minutes en remuant, puis une fois qu'il n'y a plus de liquide, ajouter les tiges de coriandre hachées et remuer pour 15 à 30 secondes.

6- Dans un petit bol, mélanger la fécule et l'eau. L'ajouter dans le wok en remuant bien. Chauffer et mélanger jusqu'à ce que le tout soit crémeux, puis éteindre le feu.

7- Couper les feuilles de rouleaux impériaux en 4 bandes égales d'environ 6 cm de largeur (2,5 po). Les séparer ensuite les unes des autres et les garder sous un torchon légèrement humide pour éviter qu'elles ne s'assèchent.

8- Prendre une feuille de pâte, mettre une petite cuillère de farce (environ 15 g) sur le coin et plier en triangle jusqu'au bout (voir les images sur la page suivante). Coller le bout de la feuille avec de l'œuf battu.

9- Frire les samoussas à 375 °F (190 °C) pendant environ 4 minutes, puis les retirer sur un papier absorbant. Déguster tel quel, pas besoin de sauce !

Scanner pour voir la vidéo de la recette

Note 1 (congélation)
Les samoussas peuvent être congelés crus, mais il faudra les réchauffer en les faisant frire 4-5 minutes à 375 °F (190 °C). En les faisant frire avant la congélation, les samoussas pourront être réchauffés au four à 400 °F (205 °C) pour 10 à 12 minutes. Dans les 2 cas, il n'est pas nécessaire de les faire dégeler avant de les réchauffer.

Note 2
Coupez vos surplus de feuilles à rouleaux inutilisés en carrés de 5-6 cm, puis les frire quelques secondes à 375 °F (190 °C). Il faudra les égoutter et les mettre sur un papier absorbant, puis saupoudrer un peu de sel au goût. Ça fait d'excellentes chips !

1
2
3
4
5
6
7
8

AILES DE POULET
À L'AIL GRILLÉ ET AU BEURRE

Ces ailes de poulet resteront croustillantes très longtemps, donc parfaites pour servir comme petites bouchées dans un buffet ! L'ail grillé et le beurre rendent le plat très goûteux, mais aussi très réconfortant ! Elles se congèlent bien après la friture, ça vous donnera une bonne option d'accompagnement à sortir du congélateur lors de vos réceptions !

Rendement: 32 morceaux
Préparation: 10 minutes
Marinade: 45 minutes
Cuisson: 20 minutes

MARINADE DU POULET

3 lb (1,36 kg) d'ailes de poulet
2 c. à soupe de poudre de bouillon de poulet
2 c. à soupe de sucre
1 c. à thé de poudre d'ail
1 c. à thé de sel
½ c. à thé de poivre noir moulu

AUTRES INGRÉDIENTS

1 tasse (120 g) de fécule de maïs (pour la panure)
2 c. à soupe de beurre demi-sel
8 gousses d'ail hachées
Huile de canola (pour la friture)

1- Séparer les ailerons des pilons en coupant sur la jointure, puis mettre le tout dans un grand bol. Ajouter tous les ingrédients de la marinade, mélanger et laisser mariner 45 minutes au réfrigérateur.

2- Cinq à dix minutes avant la fin du temps de marinade, chauffer l'huile de la friteuse à 350 °F (175 °C).

3- Rouler quelques morceaux de poulet à la fois dans la fécule, bien secouer pour enlever le surplus, puis les déposer dans la friteuse sans surcharger le panier. Frire pour 7 à 8 minutes, la température interne doit atteindre 165 °F (74 °C). Retirer sur un papier absorbant et cuire le reste des ailes.

4- Chauffer un wok à feu moyen et y mettre le beurre et l'ail. Lorsque l'ail commence à griller (attention à ne pas le brûler), ajouter les ailes frites et faire revenir quelques secondes pour bien enrober chaque morceau. La panure se détachera un peu du poulet, c'est normal, n'ayez pas peur de bien remuer le tout. Éteindre le feu, c'est prêt !

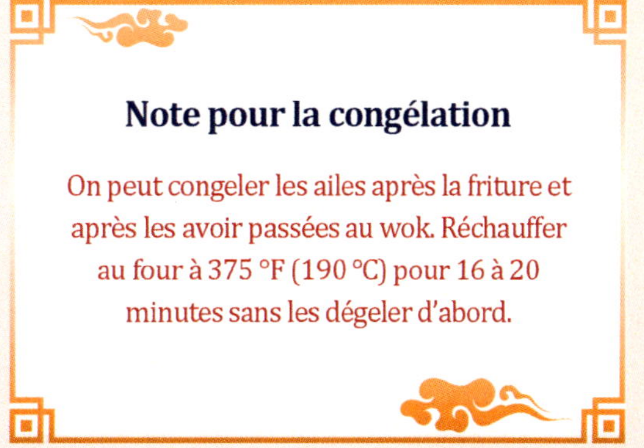

Note pour la congélation

On peut congeler les ailes après la friture et après les avoir passées au wok. Réchauffer au four à 375 °F (190 °C) pour 16 à 20 minutes sans les dégeler d'abord.

PETITS PAINS VAPEUR (MANTOU)

Lorsqu'on va au buffet, je l'avoue, je me prends toujours 1 ou 2 petits pains vapeur. Quy Tâm ne comprend jamais pourquoi je me remplis le ventre de pain, mais que voulez-vous, j'aime ça le pain haha ! Ceux-là sont si moelleux et j'adore le goût légèrement sucré. Ils sont parfaits à manger par eux-mêmes, mais on peut aussi les tremper dans la sauce d'un autre plat (comme les spare ribs à la sauce brune ou les saucisses dans le sirop par exemple), c'est tellement bon ! - Christina

Rendement: 18-20 pains
Préparation: 30 minutes
Repos: 1 heure 5 minutes
Cuisson: 10 minutes

INGRÉDIENTS

½ tasse (125 ml) d'eau
½ tasse (125 ml) de lait
2 c. à thé de levure sèche active
5 c. à soupe de sucre (1 c. à soupe + 4 c. à soupe)
3 tasses (420 g) de farine tout usage
1 c. à soupe de fécule de maïs
¾ c. à thé de sel

1- Mélanger l'eau et le lait et réchauffer 30 secondes au micro-ondes pour atteindre une température d'environ 38 °C/100 °F. Ajouter ensuite la levure sèche active et 1 c. à soupe de sucre. Remuer et laisser reposer 10 minutes.

2- Dans le récipient d'un robot mélangeur de type KitchenAid, mettre le restant du sucre (4 c. à soupe), la farine tout usage, la fécule de maïs et le sel, puis mélanger.

3- Au bout de 10 minutes de repos, la levure devrait faire de la mousse. Verser tout le liquide dans le mélange de farine, puis pétrir à la plus basse vitesse le temps que tous les ingrédients s'agglomèrent bien entre eux. Augmenter ensuite légèrement la vitesse et pétrir pendant 8 à 10 minutes.

4- Sortir la pâte du bol et pétrir 2 minutes à la main. Former une boule, remettre dans le bol. Couvrir d'un linge humide et laisser reposer 10 minutes.

5- Séparer la boule en 2 et former deux rectangles de 35 cm par 20 cm. Vous ne devriez pas avoir besoin de mettre de la farine sur votre plan de travail, mais vous pouvez en saupoudrer un peu si la pâte est trop collante. Lorsque vous regardez un rectangle devant vous, le côté de 35 cm devrait être à l'horizontale.

6- Rouler la pâte en partant du bas et en allant jusqu'en haut complètement. Pincer un peu la pâte pour bien sceller le rouleau. Couper ensuite les 2 extrémités pour avoir des bouts droits, puis couper en morceaux de 3-4 cm. Répéter pour le deuxième morceau de pâte.

7- Placer chaque boule de pâte sur un petit carré de papier parchemin et les déposer dans le panier d'un cuiseur vapeur. Couvrir la pâte et laisser gonfler pour 45 à 50 minutes, ou jusqu'à ce qu'elle ait doublé.

8- Cuire à la vapeur à feu moyen pour 8 à 10 minutes. Une fois la cuisson terminée, éteindre le feu et retirer les paniers du cuiseur. Laisser le couvercle pour 5 à 10 minutes pour éviter que les pains ne s'affaissent.

9- Déguster tels quels ou avec des plats généreux en sauce !

Note pour la congélation

Les petits pains se congèlent après la cuisson. Ils pourront être réchauffés à la vapeur ou au micro-ondes.

GALETTES DE CREVETTES CROUSTILLANTES

Parfois, un élément d'un repas capture notre imaginaire à un tel point qu'il fait notre bonheur juste en le voyant ! C'est le cas de nos galettes de crevettes croustillantes ! J'en avais souvent dans mes soupes-repas que je commandais dans les restaurants vietnamiens. Ma mère me donnait souvent sa galette lorsque j'étais tout petit ! Le meilleur, c'est lorsque la pâte croustillante baigne un peu dans la soupe et commence à ramollir légèrement ! Imaginez une bouchée à la fois tendre et croustillante, croyez-moi, c'est juste magnifique ! Lorsqu'on en fait maison, ça en fait une grande quantité, beaucoup trop pour juste les manger en soupe. Nous avons découvert que ces galettes font des petites bouchées parfaites, c'est même difficile d'arrêter d'en manger! Il faut absolument les essayer avec des sauces aigre-douces!- Quy Tâm

Rendement: 30 galettes
Préparation: 5 minutes
Repos: 15 minutes
Cuisson: 25 minutes

MARINADE DES CREVETTES

30 crevettes (calibre 41-50)
¾ c. à thé de poudre de bouillon de poulet
¾ c. à thé de poudre d'oignon
¾ c. à thé de poudre d'ail
2 pincées de poivre noir

MÉLANGE À PÂTE

½ tasse (70 g) de farine tout usage
2 c. à soupe (20 g) de fécule de maïs
1 c. à thé de poudre d'ail
1 c. à thé de sucre
¼ c. à thé de sel
¼ c. à thé de poudre à pâte (levure chimique)
½ tasse (125 ml) d'eau froide

AUTRES INGRÉDIENTS

30 feuilles de dumplings
Huile de canola pour friture

1- Décortiquer les crevettes en laissant le bout de la queue et les déveiner. Les mettre dans un bol et ajouter les assaisonnements. Bien mélanger et mariner au réfrigérateur 15 minutes. Note: le bout de queue des petites crevettes deviendra croustillant avec la friture et pourra être mangé. Cependant, vous pourriez les enlever complètement avant de mariner les crevettes si vous ne voulez pas les manger.

2- Dans un bol séparé, combiner tous les ingrédients secs du mélange à pâte. Ajouter l'eau et remuer au fouet jusqu'à ce qu'il n'y ait plus de grumeaux. Laisser reposer au réfrigérateur 15 minutes.

3- Mettre un fond d'huile dans une casserole (environ 1,5 po/4 cm d'huile). Chauffer à feu moyen pour arriver à une température d'environ 350 °F (175 °C).

4- Tremper une crevette d'un côté seulement dans le mélange à pâte et la déposer sur une feuille à dumpling. Plonger la feuille dans l'huile (la crevette vers le haut) et frire pour environ 30 secondes avant de la retourner (la crevette sera à ce moment-là vers le bas). Répéter afin de cuire 4 à 6 galettes à la fois.

5- Lorsque le côté avec la crevette est bien doré, retourner la galette pour bien colorer la pâte. Retirer ensuite de l'huile, égoutter et mettre sur un papier absorbant.

6- Répéter jusqu'à ce que toutes les crevettes et feuilles de dumplings soient cuites.

7- Servir en garniture sur une soupe ou manger directement en « snack » avec une sauce trempette au choix (ex. : sauce rouge ou sauce aux prunes (p. 28-29)).

Note pour la congélation

Les galettes se réfrigèrent et se congèlent après les avoir frites. Vous pourrez les réchauffer au four à 375 °F (190 °C) pour 6 à 7 minutes, sans les dégeler d'abord. **À noter :** si les galettes commencent à devenir trop foncées, mais que les crevettes ne sont pas complètement réchauffées, couvrir le tout d'un papier d'aluminium et continuer de cuire quelques minutes.

Scanner pour voir la vidéo de la recette

Techniques pour attendrir la viande

Il existe plusieurs techniques pour attendrir la viande, mais dans la cuisine chinoise, on utilise principalement le « velveting » ou le bicarbonate de soude. Voici donc quelques infos utiles qui vous aideront à obtenir des viandes plus tendres pour vos sautés !

Velveting

Cette méthode consiste à mélanger de la fécule de maïs et parfois aussi un blanc d'œuf à la marinade de la protéine. Ces ingrédients vont créer une enveloppe protectrice qui permettra d'emprisonner le jus de la viande durant la cuisson. Vous obtiendrez ainsi une texture tendre et veloutée ! Vous pouvez utiliser cette technique pour le bœuf, le poulet, le porc et même le tofu ! Si vous voulez mettre un blanc d'œuf, ça prend au moins 1 lb (454 g) de protéine.

Bicarbonate de soude

C'est la technique que nous employons le plus souvent. L'utilisation du bicarbonate de soude changera carrément la texture de la viande. On vous le dit, ça fait des miracles ! Ici, on en met principalement sur du bœuf et du poulet. Mais sachez qu'on peut aussi l'utiliser sur du porc et des fruits de mer ! D'ailleurs, on en ajoute une petite quantité dans notre recette de calmar frit (p. 169) !

En général, on utilise environ 1 c. à thé de bicarbonate pour 1 lb (454 g) de bœuf. On peut le mélanger directement à la marinade, le tout sera cuit ensemble. Avec du poulet, on se permet d'en mettre un peu plus, car le bicarbonate de soude sera rincé à l'eau avant d'enchaîner avec la marinade.

Lorsqu'on ajoute du bicarbonate de soude, il faut éviter de mariner trop longtemps. Pas plus de 30 minutes, car la texture de la viande changera trop.

PLANIFICATION D'UN BUFFET À LA MAISON

FORMULE DU BUFFET : TOUT FAIRE SOI-MÊME OU REPAS-PARTAGE (POTLUCK) ?

Si vous choisissez de **tout faire vous-même**, la charge de travail est plus grande, mais vous vous assurez d'avoir un meilleur contrôle sur tous les aspects du buffet (qualité, quantité, variété des plats, etc.).

En y allant avec l'option du **potluck**, ça permet de mieux distribuer les coûts du repas, car tout le monde contribue un peu. Cependant, ça demandera plus de planification et de communication. Déciderez-vous des plats que vos invités auront à cuisiner ou si vous leur laisserez carte blanche ? N'oubliez pas, même si ça vous en fait moins à préparer, vous devrez prévoir comment réchauffer le tout la journée du buffet.

QUELLE QUANTITÉ DE NOURRITURE POUR UN BUFFET ?

En général, les gens mangeront environ 2 fois la quantité d'un repas normal. Si vous servez 6 plats différents pour une douzaine d'adultes, la plupart des recettes de ce livre n'auront pas besoin d'être doublées. Ça peut paraître peu si l'on se dit que les recettes donnent seulement 4 portions chacune. Mais si l'on regarde le total, c'est quand même 24 portions pour 12 personnes. On doit garder en tête que les gens voudront goûter à tout et ne se prendront qu'une petite quantité de chaque chose.

Si vous êtes comme moi et que vous avez peur d'en manquer, préparez des hors-d'œuvre en plus de vos plats principaux. Calculez 2 petites bouchées d'une même sorte par personne. L'avantage avec des rouleaux, curry puffs et autres bouchées est que vous pouvez les faire d'avance et les sortir du congélateur « à l'unité ». Vous pourrez donc en réchauffer un peu moins que prévu, voir comment le buffet se vide, et en partir une fournée au besoin. Ça évite aussi le gaspillage si les petites quantités calculées au départ étaient suffisantes.

BIEN CHOISIR LA VARIÉTÉ DE PLATS EN FONCTION DE LA PRÉPARATION

La planification d'un menu peut être complexe, surtout si vous désirez avoir une très grande variété de plats. Lorsque je choisis ce que je veux servir, j'essaie de diviser le travail pour ne pas avoir à tout cuisiner la veille et le jour même.

PLATS QUI SE CONGÈLENT

J'inclus toujours au moins 2 ou 3 plats qui peuvent se congeler. On peut souvent les préparer plusieurs jours (ou même semaines) en avance, la charge de travail est vraiment moins condensée !

PLATS QUI SE PRÉPARENT BIEN LA VEILLE

J'essaie de choisir 1 ou 2 plats qui peuvent se préparer entièrement la journée avant. Il ne restera qu'à les réchauffer au micro-ondes sans avoir à finaliser quoique ce soit. Comme le niveau de concentration est moins présent une fois que la visite arrive, c'est vraiment pratique d'avoir des recettes toutes prêtes qu'on peut servir en quelques minutes !

PLATS QUI DEMANDENT DE LA PRÉPARATION LE JOUR MÊME

Certaines recettes peuvent se préparer en partie la veille, mais devront être finalisées le jour de l'événement. C'est le cas pour un plat comme le poulet général tao qui comprend une panure et de la sauce. On ne peut pas mélanger d'avance la protéine frite et la sauce, car la panure deviendra trop molle le lendemain. On peut par contre préparer chaque élément séparément la veille (frire le poulet, combiner les ingrédients de la sauce, découper les légumes) et les garder au frigo. Il ne restera que l'assemblage et une courte cuisson le jour de la réception. Ça fera un plat rapide sans avoir à trop s'éparpiller en cuisine !

PLATS QUI POURRONT SE RÉCHAUFFER EN SIMULTANÉ

Pour être efficace dans la préparation, j'essaie de choisir des plats qui pourront être réchauffés en simultané. Pendant que j'ai une plaque pleine de petites bouchées dans le four, le micro-ondes se fait aller. Ça me laisse les 2 mains libres pour finaliser des recettes qui nécessitent la friteuse, le wok ou des casseroles. Bien sûr, on doit être bien organisé et utiliser des minuteries pour ne rien brûler. Oh ! Et si vous branchez plusieurs appareils dans la cuisine en même temps, assurez-vous que vos circuits électriques peuvent le tolérer !

UN BUFFET MÉMORABLE

Voici quelques idées à inclure dans votre buffet chinois maison pour créer la meilleure expérience possible :

- Servez la nourriture dans des réchauds à plusieurs compartiments.
- Identifiez le nom des plats pour facilement savoir ce que c'est. Placez une pile d'assiettes (réutilisables ou jetable) à proximité du buffet pour que les invités puissent se servir librement.
- Proposez des baguettes parmi les ustensiles.
- Offrir des biscuits de fortune.
- Munissez-vous de boîtes à emporter cartonnées comme celles des restaurants asiatiques. Vos proches pourront repartir avec des restants.
- Diversifiez vos breuvages et rendez-les facilement accessibles. Un gros plus si vous les gardez au frais !
- Mettre du riz jasmin à disposition, dans un cuiseur à riz en mode réchaud. Beaucoup de gens aiment en prendre dans leur assiette pour absorber la sauce des autres plats.
- Faire un petit comptoir à salade libre-service comme dans les restos à volonté, plutôt qu'un plateau de crudités. Les vinaigrettes servies dans les buffets chinois ne sont pas asiatiques, vous pouvez utiliser de la César, Ranch, Italienne, etc.).
- Vous pouvez toujours offrir des desserts non asiatiques. Il n'y a pas de standard pour ça, ce sont généralement des trucs communs et simples du style : gâteau aux carottes, tarte au sucre, pudding au chocolat, gelées de fruits, etc.
- Installer les réchauds ailleurs que sur la table à manger. Si les gens doivent se lever pour aller se servir, ça donne encore plus l'effet de resto buffet chinois.

QUELQUES OUTILS DE CUISSON UTILES POUR LES RECETTES DE CE LIVRE

WOK EN ACIER CARBONE

Le wok en acier carbone est un superbe outil de cuisine à avoir si vous voulez obtenir du « wok hei » dans vos plats ! Cette saveur de fumée ajoute beaucoup, surtout lorsque ce sont des recettes plus simplistes ! Ça prend un peu plus de pratique pour bien maîtriser les cuissons, mais lorsque vous commencez à vous y habituer, vous ne pourrez plus vous en passer ! Le wok aura besoin d'être culotté avant les premières utilisations et devra être nettoyé d'une manière bien spécifique pour éviter qu'il rouille. Assurez-vous de bien choisir un wok en acier carbone sans revêtement antiadhésif. Si vous voulez plus d'informations à ce sujet, scannez le code QR pour accéder à un article de notre blog

WOK ÉLECTRIQUE

Le wok électrique est très pratique, car ses rebords hauts permettent de cuire une grande quantité d'ingrédients sans que tout tombe en dehors. Le revêtement antiadhésif fait en sorte que la nourriture ne colle pas, et sa base sur pattes permet d'avoir les 2 mains libres pour bien remuer les aliments. On contrôle la température d'un wok électrique grâce à une roulette, ceci aide grandement à suivre une recette tout en ayant des données précises.

Comme le wok a un revêtement antiadhésif, on ne peut pas obtenir l'effet de « wok hei », ce goût fumé des restaurants chinois. N'essayez pas de chauffer le wok électrique à de très hautes températures lorsqu'il est vide, vous risqueriez de l'endommager.

FRITEUSE TRADITIONNELLE

Rien de mieux qu'une vraie friteuse à l'huile pour faire de la friture, c'est avec ça que vous obtiendrez des résultats comme au resto. Avec ces appareils, on peut facilement régler une température précise, on s'assure d'avoir une belle cuisson à chaque fois en plus de réduire les risques d'incendie. Les friteuses à air (air fryer) n'offrent pas du tout les mêmes résultats qu'une friteuse à l'huile. Cependant, elles peuvent être pratiques pour réchauffer des aliments qui ont déjà été frits.

Si vous n'avez pas de friteuse, mais que vous voulez quand même faire de la friture, le mieux est de mettre de l'huile dans une grande casserole (ou grand wok). Vous devrez remplir environ le ⅓ de la hauteur de la casserole, car il faut prendre en considération que le niveau de l'huile va monter au moment de mettre des aliments. On vous suggère d'utiliser un thermomètre pour éviter que la température ne monte trop haut. Pour certaines recettes, comme pour le poulet Soo Guy, il est plus facile d'utiliser une marmite d'huile plutôt qu'une friteuse. Les panures liquides ont tendance à rester prises dans le grillage du panier de la friteuse, un problème facilement réglé lorsque vous utilisez une casserole d'huile !

CUISEUR VAPEUR

Il existe des cuiseurs vapeur en métal, et d'autres en bambou. Ceux en métal sont plus faciles à nettoyer et sont généralement plus gros, donc il est plus facile de cuire des plats volumineux. Les cuiseurs en bambou, eux, ont l'avantage d'être poreux. La vapeur durant la cuisson est absorbée dans le couvercle de bambou, cela évite que les gouttes d'eau ne retombent dans la nourriture. Les cuiseurs de bambou peuvent être nettoyés facilement avec de l'eau et du savon, mais devront être séchés complètement sur le comptoir avant de les ranger pour éviter les moisissures.

GUIDE DE CONGÉLATION

AVANT DE CONGELER QUOI QUE CE SOIT :

– Toujours laisser refroidir la nourriture avant de la mettre au congélateur. Cela évitera la condensation dans les contenants, mais évitera aussi de réchauffer le congélateur inutilement.

– Pensez à diviser vos plats de manière à pouvoir sortir seulement les quantités nécessaires.

– Identifiez vos contenants et inscrivez la date pour vous assurer une bonne rotation

– Pour les petites bouchées qui peuvent devenir un gros bloc en les congelant ensemble, comme des wontons ou dumplings bouillis, mieux vaut les congeler individuellement en premier. Étalez vos aliments sur une plaque recouverte d'un papier parchemin de manière à ce qu'ils ne se touchent pas. Vous pourrez mettre la plaque au congélateur pour quelques heures. Une fois que les aliments ont durci, il ne restera qu'à transférer le tout dans un gros sac de congélation et vous pourrez facilement en sortir à l'unité lorsque vous en aurez besoin.

– Lorsque c'est possible, emballez vos aliments sous vide ou enlevez l'air dans vos sacs de congélation refermables. Ceci aidera à ce qu'ils ne s'assèchent pas.

- N'oubliez pas, une viande qui a été décongelée doit être cuite avant d'être recongelée. Par exemple, si vous sortez du poulet haché du congélateur pour faire des wontons, il faudra cuire les wontons avant de les congeler. Avec du poulet frais, on pourrait les congeler crus si on le voulait.

DURÉE DE CONSERVATION DES PLATS PRÉPARÉS :

Il est difficile de donner une durée de conservation précise, mais en général, il faut les consommer à l'intérieur de 3 mois. Dépasser ce délai, la qualité pourrait commencer à diminuer à cause des possibles brûlures de gel.

LES PLATS FRITS

En général, les plats frits se congèlent très bien après la friture. Il suffira de les réchauffer au four, au air fryer ou même en les replongeant quelques minutes dans l'huile. Si l'on planifie congeler une recette, on suggère toujours de réduire légèrement le temps de friture initial afin de ne pas trop dorer les aliments. Ça laisse plus de marge de manœuvre pour réchauffer le tout sans rien brûler. Les plats frits vont beaucoup ramollir en étant au frigo ou au congélateur, mais redeviendront croustillants en les réchauffant adéquatement.

LES SAUCES

Même si elles ont été épaissies avec de la fécule, les sauces se congèlent très bien. Il faut bien les réchauffer (au micro-ondes ou sur la cuisinière) pour qu'elles retrouvent leur souplesse. S'il y a des grumeaux, simplement remuer vigoureusement avec un fouet.

LES SOUPES

La plupart des bouillons se congèlent très bien. Cependant, pour une soupe qui a été épaissie avec de la fécule, comme la soupe « egg drop », elle deviendra plus liquide. On suggère toujours aussi de ne pas inclure les nouilles dans un bouillon si c'est pour congeler, car elles deviendront très molles. Le mieux est d'en cuire des nouvelles lorsque vous décongèlerez une portion de soupe. Pensez à ne pas trop remplir vos contenants, les liquides prennent beaucoup d'expansion en congelant !

LES VIANDES MARINÉES

Un bon moyen de prendre de l'avance avec une recette est de couper la protéine et de la mélanger aux ingrédients de la marinade. Le temps de marinade peut se faire avant la congélation ou après avoir dégelé. Pensez à sortir la viande marinée du congélateur et la mettre au frigo la veille afin de la faire dégeler doucement.

LES PLATS AYANT DES LÉGUMES

Les légumes qui ont un grand apport en eau, comme les fèves germées et le chou nappa, ne se congèlent pas bien. La congélation fait cristalliser l'eau dans les légumes, ce qui changera énormément leur texture. Les autres légumes plus denses, comme le brocoli, les carottes et les poivrons, supportent beaucoup mieux la congélation.

Certaines de nos recettes ont une petite quantité de fèves germées, on parle ici du chow mein à la sauce soya et des vermicelles Singapour. Les plats sont bons quand même après la congélation, mais les fèves germées seront devenues très molles. Dans des cas comme ça, on suggère de préparer les plats sans fèves germées pour les congeler. Il ne restera qu'à en cuire des fraîches au moment de servir. Ça ne prend que quelques secondes et ça fera toute la différence !

LES PÂTISSERIES

Pour les pâtisseries dans ce livre, on préfère les cuire avant la congélation. Ça fera des petites bouchées plus pratiques à réchauffer.

Pour réchauffer les plats ayant de la pâte feuilletée, les curry puffs par exemple, on suggère de les mettre au four pour qu'ils redeviennent croustillants. N'utilisez pas le micro-ondes, car ce mode de cuisson ramollit beaucoup la pâte des pâtisseries.

Lorsqu'il est question de pâte cuite à la vapeur, comme les brioches au poulet char siu ou les petits pains vapeur, vous pouvez réchauffer de nouveau à la vapeur, ou encore, au micro-ondes. Lorsqu'on utilise le micro-ondes, on aime bien badigeonner un peu d'eau sur le pain pour éviter qu'il ne s'assèche.

Puis finalement, pour les recettes avec du pain cuit au four, comme les petits pains à la saucisse, vous aurez 2 options. Vous pourrez les réchauffer au four, ça permet d'en faire une grosse plaque à la fois. Attention, avec cette méthode, les pains vont continuer de brunir. Vous pourrez également les réchauffer au micro-ondes. Il faut les mettre en plus petite quantité à la fois, mais ça vous donnera un pain plus moelleux.

Dans tous les cas, il n'est pas nécessaire de dégeler les plats avant de les réchauffer, sauf si vous utilisez le micro-ondes (la cuisson serait alors inégale).

INDEX DES RECETTES PAR ORDRE ALPHABÉTIQUE

A

B

C

D

E

G

H

L

M

N

O

P

R

S

T

V

REMERCIEMENTS

Merci de tout cœur à tous nos fans de vivre cette expérience à nos côtés ! Merci de nous avoir donné une chance de prouver que nos recettes en valent la peine et qu'elles vous régalent à ce point ! Merci de parler de nous à votre famille et vos amis ! Nous n'avons jamais payé un seul sou pour avoir de la publicité et c'est bel et bien du bon bouche-à-oreille qui a fait notre succès partout dans le monde !

Nous nous sommes lancés dans ce projet sans savoir si les gens allaient réellement nous suivre. Mais nous étions convaincus que nos connaissances et notre expertise avaient de la valeur. Il fallait trouver une manière de partager tout ça. Nous avons donc suivi notre instinct en publiant nos premières vidéos en 2020, puis nous voilà aujourd'hui, LA référence en cuisine asiatique au Québec !

Tout le support, l'amour et la confiance reçus de nos nombreux fans autour du monde sont ce qui fait de notre projet un succès toujours grandissant d'une année à l'autre ! Nous vivons une expérience unique et ça, on vous le doit. Nous vous en serons toujours reconnaissants !

Christina et Quy Tâm

Merci pour votre support!

Plus vous offrirez ce livre en cadeau, plus vous aurez de chances de vous faire inviter à un buffet.

Il y aura des rires et de la joie autour de la table.

Vous rencontrerez un fan de Hop dans le wok à l'épicerie.

Il y aura de bons plats dans votre futur.

Vous visiterez une épicerie asiatique dans les prochaines semaines.

On mange quoi ce soir ? Du Hop dans le wok!

Votre ceinture grandira d'un trou ce soir au buffet.

Wonton ou Wong Tong? Là est la question.

Hop dans le wok, le premier livre de buffet chinois!

Made in the USA
Las Vegas, NV
03 October 2024

6afa36f8-95c2-427b-8dae-4963902e4251R01